EL PLAN DE EMPRESAS

BORJA PASCUAL

EL PLAN DE EMPRESAS

La clave del éxito
en los negocios

DYNAMO

Primera edición: enero de 2026

© Borja Pascual
© Editatum
www.editatum.com
www.libros-biblos.com

Diseño de cubierta: © Marta Villarín (EDITATUM)
Maquetación de interior: © EDITATUM
ISBN: 979-13-87539-83-2
Depósito legal: M-26590-2025
Impreso en España–*Printed in Spain*

Índice

INTRODUCCIÓN

¿Qué es un plan de empresa y para qué sirve?

El plan de empresa es uno de los documentos más valiosos que puede tener cualquier emprendedor o empresario, tanto si está dando sus primeros pasos como si gestiona una empresa ya en funcionamiento.

Se trata de una hoja de ruta estratégica que recoge, de forma estructurada y detallada, los principales aspectos del negocio: qué se va a hacer, cómo, con qué recursos, en qué plazos y con qué objetivos.

No se trata simplemente de un formulario o de un ejercicio teórico: un plan de empresa es una herramienta viva, dinámica, diseñada para guiar tanto la toma de decisiones diarias como las grandes apuestas estratégicas.

Ayuda a organizar ideas, establecer prioridades, identificar necesidades y visualizar el futuro de forma realista.

Además, permite anticiparse a posibles dificultades y diseñar soluciones antes de que aparezcan.

En esencia, el plan de empresa sirve para tres grandes propósitos:

- *Definir la dirección del negocio:* clarifica la misión, la visión, los valores y los objetivos. Establece un rumbo claro que sirva de referencia ante la toma de decisiones.
- *Planificar de forma estratégica:* obliga a pensar en todos los aspectos clave de la empresa —desde el análisis de mercado hasta las finanzas, la logística o la captación de clientes— y a plantear acciones concretas para lograr los objetivos.
- *Comunicar y convencer a terceros:* actúa como carta de presentación ante posibles inversores, entidades financieras, socios estratégicos o incluso instituciones públicas. Un plan bien redactado transmite seriedad, visión y viabilidad.

Por tanto, elaborar un buen plan de empresa no es un simple trámite, es una acción estratégica que te permitirá convertir una idea en una empresa, una empresa en un proyecto sólido, y un proyecto sólido en una historia de éxito.

Diferencia entre plan interno y plan para terceros

Una de las grandes ventajas del plan de empresa es su versatilidad: puede y debe adaptarse según el objetivo que persiga.

En general, podemos distinguir entre dos grandes tipos de plan según su finalidad principal:

1. El plan como herramienta interna

Cuando hablamos de plan de empresa con enfoque interno, nos referimos al documento que guía al propio equipo emprendedor o directivo.

Este tipo de plan tiene un enfoque práctico y operativo. No se escribe para impresionar, sino para clarificar.

Ayuda a:

- Fijar metas y dar seguimiento a su cumplimiento.
- Definir los roles del equipo y la estructura organizativa.
- Diseñar estrategias de *marketing,* producción, ventas o innovación.
- Planificar los recursos necesarios y anticipar problemas.
- Coordinar esfuerzos en torno a un mismo objetivo.

En este caso, el lenguaje puede ser más directo y flexible. Lo importante es que el plan sea útil para el día a día de la empresa.

2. El plan como documento para terceros

Cuando se busca financiación, atraer socios o participar en convocatorias públicas, el plan de empresa se convierte en una herramienta de comunicación estratégica.

Debe demostrar que el proyecto es viable, rentable y bien planificado. Su objetivo es convencer.

En este contexto, el contenido debe ser riguroso, bien estructurado, visualmente atractivo y respaldado por datos. Se espera que contenga:

- Información clara sobre el modelo de negocio.
- Un análisis de mercado detallado.
- Proyecciones financieras realistas.
- Un equipo cualificado y comprometido.
- Estrategias claras de crecimiento y retorno de la inversión.

Aunque ambos tipos de plan comparten gran parte de la estructura, es clave adaptar el tono, el nivel de detalle y el enfoque según el destinatario.

Un error frecuente es intentar usar el mismo documento para todo. Esta guía te ayudará a entender cómo adaptar tu plan según tus necesidades.

¿Por qué es clave para el éxito?

Muchos emprendedores cometen el error de subestimar la importancia del plan de empresa.

Se lanzan con entusiasmo, con buenas ideas y energía, pero sin una estrategia clara. El resultado suele ser caótico: decisiones improvisadas, falta de foco, problemas de financiación o una desconexión entre lo que se quiere hacer y lo que realmente se puede hacer.

El plan de empresa actúa como una brújula que evita que te desvíes del rumbo. Es también una especie de simulador que te permite probar diferentes escenarios antes de tomar decisiones que pueden ser costosas o irreversibles.

Estas son algunas de las razones por las que un buen plan de empresa marca la diferencia:

1. Aumenta las probabilidades de éxito

Hay diversos estudios que muestran que las empresas con un plan bien elaborado tienen más posibilidades de sobrevivir y crecer.

No porque el plan garantice el éxito, sino porque obliga a pensar, analizar y planificar.

2. Reduce el riesgo

Un plan permite anticipar problemas, calcular necesidades financieras, prever reacciones del mercado y diseñar estrategias de respuesta. Es una herramienta de gestión del riesgo.

3. Ayuda a tomar mejores decisiones

Cuando surge una duda o una oportunidad, el plan te ayuda a decidir en función de tus objetivos, recursos y prioridades.

Sirve como referencia para alinear decisiones tácticas con la estrategia general.

4. Mejora la comunicación interna

Un plan bien compartido y comprendido ayuda a alinear al equipo, evita malentendidos y permite que todos remen en la misma dirección.

5. Atrae inversión y recursos externos

Pocos inversores o entidades financieras se plantearán apoyar un negocio que no puede explicar con claridad qué quiere hacer, cómo lo hará y qué beneficios espera obtener.

El plan de empresa te permite demostrar que tu proyecto es realista, sólido y rentable.

6. Permite medir el progreso

El plan no solo sirve para iniciar el proyecto, es una herramienta de seguimiento y control.

Al comparar lo previsto con lo ejecutado, puedes detectar desviaciones y corregir el rumbo a tiempo.

En resumen, el plan de empresa no es una formalidad ni un simple documento. Es una herramienta poderosa que te obliga a pensar, estructurar, planificar y anticiparte.

Y eso, en el mundo de los negocios, es oro puro.

Cómo usar esta guía paso a paso

Este libro ha sido diseñado como una herramienta práctica, pensada para que puedas construir tu plan de empresa poco a poco, incluso si no tienes formación previa en gestión de negocios. Aquí no encontrarás fórmulas mágicas, promesas vacías ni lenguaje técnico innecesario; en cambio, sí encontrarás:

- Una estructura clara y adaptable a cualquier tipo de empresa.
- Explicaciones sencillas y directas, con ejemplos.
- Consejos y advertencias basados en la experiencia real.
- Modelos y plantillas que puedes aplicar a tu propio caso.

¿Cómo te recomendamos leerlo y aplicarlo?

Empieza por comprender el conjunto. No te saltes la introducción ni la primera parte del libro.

Entender qué es un plan, por qué es importante y cómo ha evolucionado te dará contexto para tomar mejores decisiones cuando lo elabores.

Avanza paso a paso. Cada capítulo de la parte práctica está pensado como una pieza del puzle. Puedes avanzar en orden o enfocarte primero en las áreas que más necesitas (por ejemplo, si ya tienes el producto, empieza por el análisis de mercado).

Aplica lo aprendido directamente a tu caso. Al final de muchos capítulos encontrarás preguntas clave o plantillas que puedes utilizar como base para tu propio plan. Responderlas te permitirá construir tu documento sin darte cuenta.

Adapta el contenido a tu realidad. No hay un único tipo de empresa ni un solo modelo válido.

Esta guía es flexible: tú decides si haces un plan tradicional, visual o de una sola página, y qué apartados necesitas desarrollar más o menos.

Piensa en dos versiones. Una versión interna, más operativa y práctica, que te sirva para gestionar el día a día. Otra versión, más formal y atractiva, para presentar a inversores o entidades financieras. Ambas se basan en la misma información, pero se presentan de forma distinta.

Revisa y actualiza. Tu plan no estará terminado cuando termines este libro. Estará vivo.

A medida que avances, tendrás que revisarlo, corregirlo, enriquecerlo o incluso reescribirlo.

Eso es parte del proceso.

Hazlo tuyo. Este plan debe reflejar tu visión, tu forma de pensar y tu proyecto. No lo escribas como si fuera un trabajo para agradar a otros: escríbelo para que te sirva a ti, para que entiendas mejor tu negocio y tomes mejores decisiones.

Este libro no es solo una guía para crear un documento, es un compañero de viaje en tu camino como emprendedor o empresario. Te ayudará a ordenar tus ideas, darles forma y convertirlas en un proyecto real. Porque toda gran empresa empieza con una gran visión… y un plan sólido para llevarla a cabo.

¿Estás listo para empezar a construir el tuyo?

PARTE I
FUNDAMENTOS DEL PLAN DE EMPRESA

Antes de comenzar a construir tu plan de empresa paso a paso, es fundamental que entiendas el terreno que estás pisando. El error más habitual entre emprendedores y pequeños empresarios es lanzarse a escribir directamente, sin comprender realmente qué es un plan de empresa, por qué es tan importante, qué tipos existen y cómo ha evolucionado este documento con el paso del tiempo.

En esta primera parte del libro, vamos a sentar las bases.

Aquí no escribirás aún tu plan, pero sí vas a adquirir el conocimiento necesario para hacerlo con criterio.

Es como preparar el terreno antes de plantar: si no entiendes bien para qué sirve el plan, cómo se adapta a distintos contextos y cuándo debe elaborarse, acabarás creando un documento confuso, incompleto o inútil.

Un buen plan de empresa no se improvisa.

No se trata solo de reunir unos cuantos datos, escribir una descripción atractiva de tu idea y añadir algunas tablas financieras. Un plan efectivo nace de una comprensión profunda del negocio y de la realidad en la que se va a desarrollar. Y esa comprensión se cultiva desde la raíz.

¿Por qué empezar por los fundamentos?

Porque el plan de empresa no es un documento fijo ni universal, cambia dependiendo de muchos factores: el tipo de proyecto, la etapa en la que se encuentra, el público al que va dirigido, el objetivo con el que se redacta e incluso la cultura empresarial o el sector en el que se va a operar.

Lo que funciona para una *startup* tecnológica que busca inversión no sirve igual para una panadería de barrio que quiere organizar mejor sus operaciones.

En esta parte analizaremos cómo ha evolucionado el concepto de plan de negocio, desde los modelos tradicionales que surgieron en la segunda mitad del siglo xx hasta enfoques modernos como el *Lean Startup,* que propone iterar en lugar de planificar todo desde el principio.

Esta evolución no es anecdótica: entenderla te ayudará a elegir la estructura y el enfoque más adecuado para tu propio proyecto.

También vamos a diferenciar los distintos tipos de planes de empresa: desde los extensos planes formales pensados para inversores hasta versiones más sintéticas o internas que se utilizan para organizar el día a día del negocio.

Cada uno tiene su sentido y sus ventajas, lo importante es que sepas elegir cuál necesitas tú y para qué momento concreto de tu empresa.

Otro aspecto esencial que veremos es cuándo conviene redactar o actualizar un plan de empresa.

Aunque lo más habitual es hacerlo antes de lanzar un negocio, no es la única ocasión en la que tiene sentido.

Muchas empresas actualizan su plan cada año, antes de hacer una expansión, al buscar financiación, o incluso para redefinir su rumbo cuando atraviesan una crisis.

Por último, profundizaremos en una idea clave: el plan de empresa no es un documento estático, es un documento que debe evolucionar contigo y con tu empresa.

No estás escribiendo algo que se guarda en un cajón, estás creando una herramienta de trabajo, una brújula estratégica que te ayudará a tomar mejores decisiones, gestionar con más claridad y adaptarte con agilidad a los cambios del entorno.

En resumen, esta primera parte es el andamiaje teórico que necesitas para construir un plan de empresa sólido, útil y coherente.

No importa si eres un emprendedor novato o un empresario con experiencia, entender los fundamentos es el primer paso para crear un documento que de verdad funcione.

Así que abre la mente, revisa tus ideas previas y prepárate para construir tu proyecto sobre bases firmes.

¡Empezamos!

ORIGEN Y EVOLUCIÓN DEL PLAN DE NEGOCIOS

Historia y evolución desde mediados del siglo XX

La historia del plan de negocios es, en realidad, la historia de cómo los emprendedores, empresarios y visionarios han tratado de poner orden a sus ideas para transformarlas en realidades sostenibles.

Aunque los negocios existen desde hace siglos, hasta el siglo XX no comenzó a gestarse la necesidad de estructurar la actividad empresarial en documentos que permitieran planificar, comunicar y medir los objetivos de una empresa de forma racional y coherente.

El nacimiento del plan como herramienta estratégica

Tras la Segunda Guerra Mundial, la economía global, y especialmente la de Estados Unidos, entró en una fase de expansión sin precedentes.

El desarrollo industrial, el crecimiento del consumo y la aparición de nuevas oportunidades de negocio generaron un entorno propicio para la creación de empresas.

Fue en ese contexto —en las décadas de 1950 y 1960— cuando comenzó a consolidarse la figura del plan de negocio como documento formal.

Las grandes empresas comenzaron a utilizar planes estratégicos para proyectar su crecimiento y coordinar sus operaciones, mientras que los emprendedores los adoptaban como herramienta para organizarse y atraer inversión.

Los bancos, por su parte, empezaron a exigir documentos escritos que justificaran la viabilidad de los proyectos a los que concedían financiación.

Así, el plan de negocio empezó a formar parte del lenguaje habitual del mundo empresarial.

La profesionalización en los años 70 y 80

Durante las décadas de 1970 y 1980, el plan de negocio se fue enriqueciendo con herramientas propias de la gestión empresarial.

La popularización del análisis FODA (fortalezas, oportunidades, debilidades y amenazas), la gestión por objetivos, la planificación estratégica o el estudio de la competencia comenzaron a integrarse como partes imprescindibles del documento.

El auge de las escuelas de negocios también contribuyó a esta profesionalización.

Los MBA comenzaron a enseñar a los futuros directivos cómo elaborar planes de negocio sólidos, completos y persuasivos.

Estos modelos empezaron a estandarizarse: resumen ejecutivo, descripción de la empresa, análisis de mercado, plan financiero…, formatos que hoy siguen vigentes.

En paralelo, la llegada de los primeros ordenadores personales en los años 80 facilitó la elaboración y edición de estos documentos, que comenzaron a incluir gráficos, simulaciones y modelos financieros más complejos.

El *boom* de los 90 y la era digital

En los años 90, con el estallido de la revolución digital y el nacimiento de las empresas *punto com,* el plan de negocio adquirió un protagonismo especial.

Miles de *startups* tecnológicas emergieron con propuestas ambiciosas que necesitaban explicar en papel para atraer inversión. Los planes de negocio se convirtieron en el eje central de las rondas de financiación. En muchos casos, esos documentos prometían rentabilidades descomunales basadas en ideas que apenas habían sido validadas en el mercado.

El fenómeno fue tal que, tras el estallido de la burbuja tecnológica en el año 2000, muchos analistas comenzaron a cuestionar el valor real de los planes que no se apoyaban en hechos, sino en proyecciones ilusorias.

Esa crisis llevó a un replanteamiento del papel del plan de negocio: de documento estático que lo anticipa todo a herramienta flexible que debe responder a la realidad cambiante.

De los planes tradicionales al *Lean Startup*

La evolución del plan de negocios no solo se refleja en su historia cronológica, sino también en sus enfoques y metodologías.

En este apartado analizamos el tránsito desde los modelos clásicos —rígidos, largos, orientados al papel— hasta los nuevos enfoques ágiles, adaptativos y centrados en el cliente.

El modelo tradicional

El plan de negocio tradicional se basa en una lógica secuencial: primero se define la idea, luego se estudia el mercado, se estructura la empresa, se proyectan los resultados y se estima la rentabilidad. Todo queda detallado en un documento que puede superar fácilmente las 30 o 40 páginas.

Este enfoque, muy útil para empresas industriales o negocios con grandes inversiones iniciales, parte de una premisa clave: el mercado se puede anticipar si se hace un análisis suficientemente profundo.

Por tanto, el documento tiene un carácter predictivo.

Ventajas de este modelo

- Permite pensar con detalle cada aspecto del negocio.
- Es útil para captar inversión o negociar con bancos.
- Proporciona un marco completo y formal.

Inconvenientes

- Requiere mucho tiempo de elaboración.
- Puede quedar obsoleto pronto si el mercado cambia.
- A veces se enfoca más en el papel que en la realidad operativa.

El enfoque *Lean Startup*

Frente a ese modelo tradicional, el emprendedor estadounidense Eric Ries propuso en 2011 una metodología revolucionaria: el *Lean Startup*.

Esta forma de entender el emprendimiento se basa en construir un producto mínimo viable (MVP), lanzarlo al mercado lo antes posible, obtener *feedback* real y aprender del cliente para mejorar.

En el contexto del plan de negocios, el enfoque *Lean* propone sustituir el documento extenso por un lienzo visual (como el

Business Model Canvas de Alexander Osterwalder) que identifique los nueve elementos esenciales del negocio:

- Segmentos de clientes
- Propuesta de valor
- Canales
- Relación con clientes
- Fuentes de ingresos
- Recursos clave
- Actividades clave
- Socios clave
- Estructura de costes

Este enfoque tiene una filosofía clara: validar antes que planificar. En lugar de pasar semanas escribiendo un plan que puede no servir, se trata de salir al mercado, testear hipótesis y ajustar.

Ventajas

- Agilidad y rapidez
- Validación en tiempo real
- Fomenta la adaptación

Limitaciones

- Tiene menos profundidad en áreas como las finanzas o los recursos humanos.
- Puede generar inseguridad en inversores acostumbrados a planes tradicionales.
- Requiere una mentalidad iterativa constante.

¿Cuál es mejor?

No hay un modelo universal. Lo importante es elegir el que mejor se adapte a tu situación, tipo de negocio y objetivo.

Para una panadería de barrio que busca ordenar sus operaciones, puede ser suficiente con un plan de diez páginas.

Para una *startup* tecnológica que busca una ronda de inversión, será útil empezar con un *Canvas* y luego transformarlo en un plan tradicional.

Lo importante es no quedarse atrapado en el formato, sino usarlo como medio para pensar, estructurar y comunicar tu proyecto.

El plan como documento vivo

Uno de los errores más comunes entre emprendedores es pensar que el plan de empresa se escribe una vez y ya está. Nada más lejos de la realidad. Un plan de empresa útil debe ser un documento vivo, que evoluciona al mismo ritmo que lo hace el negocio.

La importancia de revisar y adaptar

Cada negocio atraviesa distintas fases: idea, validación, lanzamiento, crecimiento, expansión, madurez… En cada etapa el contexto cambia, los recursos cambian y, muchas veces, los objetivos también.

Por tanto, el plan debe actualizarse para seguir siendo útil.

Hay muchas razones para revisar un plan de negocio:

- Se han alcanzado (o no) los objetivos previstos.
- Aparece una nueva oportunidad de mercado.
- Cambian las condiciones regulatorias.

- Hay una nueva ronda de financiación.
- Se produce una crisis interna o externa.
- Cambia el equipo fundador o gestor.

En todos estos casos, volver al plan —y no partir de cero— permite revisar, ajustar y tomar decisiones más informadas.

De la hoja de ruta a la herramienta de gestión

En los primeros días del negocio, el plan sirve como brújula: marca la dirección; pero, a medida que la empresa avanza, se convierte también en un cuadro de mando, un documento que recoge los hitos alcanzados, las métricas, los indicadores clave (KPI) y los elementos de evaluación del desempeño.

Así, el plan de empresa puede evolucionar hacia:

- Un plan estratégico anual.
- Un documento para el comité de dirección.
- Una herramienta de control presupuestario.
- Un soporte para tomar decisiones clave.

El valor de compartir el plan

Un buen plan de empresa no debe quedarse en el cajón del emprendedor. Si está bien elaborado, puede ser una poderosa herramienta de comunicación dentro del equipo: ayuda a alinear esfuerzos, a compartir objetivos y a mejorar la colaboración entre departamentos.

Además, compartir partes del plan con proveedores, clientes estratégicos o aliados permite construir relaciones basadas en la confianza y en una visión compartida del proyecto.

El equilibrio entre planificación y flexibilidad

Es importante entender que un buen plan no lo anticipa todo, pero sí ofrece un marco de referencia.

No se trata de aferrarse a él de forma rígida, sino de usarlo como guía flexible.

Los mejores planes son los que permiten pivotar cuando es necesario, pero sin perder el rumbo.

Conclusión del capítulo

El plan de negocios no es un invento reciente ni una moda pasajera, sino el resultado de décadas de evolución en las que el mundo empresarial ha aprendido, por experiencia, que la planificación estructurada mejora las decisiones, reduce los errores y aumenta las posibilidades de éxito.

Desde los modelos tradicionales hasta los enfoques *Lean* más modernos, todos coinciden en un punto: un negocio necesita pensar antes de actuar.

Tiene que visualizar su camino, entender su entorno, calcular sus recursos y diseñar sus estrategias.

Pero igual de importante es comprender que un plan no es un documento cerrado, sino una herramienta viva que debe evolucionar con la empresa.

La clave está en saber combinar visión estratégica con capacidad de adaptación. En eso, el plan —bien hecho— es el mejor aliado.

En los próximos capítulos aprenderás a elegir el tipo de plan que necesitas, cuándo debes elaborarlo o actualizarlo, y cómo estructurarlo de forma útil.

Pero no olvides nunca esto: el valor del plan no está en el papel, sino en lo que te obliga a pensar mientras lo creas.

TIPOS DE PLANES DE NEGOCIO

El plan de negocio no es un documento único, cerrado ni con un formato obligatorio. Existen distintos tipos de planes, y elegir el más adecuado para tu caso puede marcar una gran diferencia. No se trata de seguir una plantilla rígida, sino de entender qué tipo de plan se adapta mejor a tu situación, tu objetivo y tu público.

En este capítulo, vamos a analizar los principales tipos de planes de negocio que se utilizan en la actualidad. Algunos son muy formales y detallados, ideales para captar inversión; otros son más ágiles, pensados para tomar decisiones internas rápidas. Los hay visuales, sintéticos, extensos o resumidos. Y todos tienen su razón de ser.

Plan tradicional

El plan tradicional es el más conocido y el más utilizado históricamente.

Suele tener entre 20 y 40 páginas y está diseñado para presentar de forma detallada y ordenada todos los aspectos relevantes del negocio.

¿Cuándo se usa?

- Para solicitar financiación bancaria.
- Para captar inversión privada (*business angels*, fondos).
- En concursos de emprendimiento.
- Como base para acuerdos de colaboración estratégica.
- Como guía integral de lanzamiento de una empresa.

Estructura típica

- Resumen ejecutivo
- Descripción de la empresa
- Análisis de mercado
- Competencia y posicionamiento
- Organización y gestión
- Productos o servicios
- Plan de *marketing* y ventas
- Plan de operaciones
- Proyecciones financieras
- Necesidades de financiación
- Anexos

Ventajas

- Ofrece una visión completa del negocio.
- Es útil para cualquier tipo de lector: inversores, bancos, asesores.
- Transmite seriedad y planificación.

Inconvenientes

- Requiere mucho tiempo de elaboración.
- Puede quedar obsoleto rápidamente si no se revisa.

- No siempre es fácil de adaptar a negocios muy dinámicos.

Es el tipo de plan ideal si necesitas convencer a terceros de que tu empresa es viable, rentable y bien pensada.

Plan de una página

Este formato resume los aspectos clave del negocio en un solo documento. Puede adoptar forma de tabla, infografía o esquema visual. Se centra en los elementos esenciales y está pensado para comunicar de forma rápida y directa.

¿Cuándo se usa?

- En las primeras fases de desarrollo de una idea.
- Para compartir con socios potenciales.
- Como borrador inicial antes de hacer el plan tradicional.
- Para empresas muy pequeñas o autoempleos.

Contenido habitual

- Misión y visión
- Problema que se resuelve
- Propuesta de valor
- Público objetivo
- Modelo de ingresos
- Estrategia comercial
- Recursos clave
- Costes
- Objetivos a corto plazo

Ventajas

- Muy rápido de hacer.
- Ideal para presentaciones breves.
- Útil como esquema previo para proyectos incipientes.

Inconvenientes

- No sirve para solicitar financiación.
- No permite desarrollar ideas en profundidad.
- No sustituye un plan completo.

Este formato es una gran herramienta de arranque. Te permite bajar a tierra una idea y visualizarla rápidamente, pero necesitarás ampliarlo más adelante.

Modelos *Lean Canvas* y *Lean Startup*

El enfoque *Lean Startup,* propuesto por Eric Ries, plantea que los negocios deben validarse en el mercado antes de ser planificados a fondo.

Bajo esta lógica nace el *Lean Canvas,* una adaptación del *Business Model Canvas* centrada en el análisis de hipótesis, el aprendizaje validado y la iteración constante.

¿Cuándo se usa?

- En *startups* tecnológicas o innovadoras.
- En fases tempranas de exploración de modelo de negocio. Para validar ideas antes de invertir recursos.
- En entornos de alto riesgo o alta incertidumbre.

Estructura del *Lean Canvas*

- Problema
- Segmento de clientes
- Propuesta de valor única
- Solución
- Canales
- Ingresos
- Costes
- Métricas clave
- Ventaja competitiva

Ventajas

- Es ágil y dinámico.
- Fomenta la acción rápida y el aprendizaje real.
- Está centrado en el cliente desde el primer día.

Inconvenientes

- No es aceptado por todos los inversores.
- Requiere conocimientos del método *Lean* para aprovecharlo.
- Debe traducirse a un plan tradicional si se busca financiación formal.

Este tipo de plan no reemplaza al tradicional, pero sí lo precede. Sirve como herramienta de validación y construcción del modelo de negocio antes de desarrollar todo el proyecto.

Plan de expansión

El plan de expansión es una variante del plan tradicional, pero enfocado exclusivamente en describir una fase de crecimiento de una empresa ya en marcha.

Se centra en justificar por qué y cómo se va a escalar el negocio.

¿Cuándo se usa?

- Al abrir nuevas delegaciones o franquicias.
- Para lanzar nuevos productos o servicios.
- Al entrar en nuevos mercados (nacionales o internacionales).
- En procesos de inversión o crecimiento acelerado.

Contenido típico

- Diagnóstico actual del negocio.
- Oportunidades de crecimiento detectadas.
- Estrategia de expansión.
- Recursos necesarios.
- Plan de acción detallado.
- Proyecciones financieras con y sin expansión.
- Análisis de riesgos.
- Retorno de la inversión esperado.

Ventajas

- Permite medir la viabilidad de escalar el negocio.
- Es muy útil para fases de crecimiento planificado.
- Es específico, claro y enfocado a resultados.

Inconvenientes

- Requiere datos históricos sólidos.
- No es útil para negocios nuevos sin tracción previa.
- Suele necesitar un alto grado de detalle operativo.

El plan de expansión es muy valorado por inversores y bancos, ya que les permite visualizar el retorno de una inversión sobre algo que ya está funcionando.

Plan de uso interno

Este tipo de plan se diseña exclusivamente como herramienta de gestión para el equipo interno.

Puede ser más informal y flexible que un plan tradicional, y adaptarse al lenguaje, los tiempos y la operativa diaria del negocio.

¿Cuándo se usa?

- Para planificar objetivos anuales.
- En empresas familiares o pymes con pocos recursos.
- Como herramienta de control y seguimiento interno.
- Para mejorar la coordinación entre áreas.

Contenido habitual

- Objetivos y metas SMART.
- Estrategia de *marketing* y ventas.
- Presupuesto y previsión de tesorería.
- Plan de operaciones.

- Tareas asignadas y responsables.
- Cronograma y KPI.
- Controles y alertas.

Ventajas

- Es muy útil para el día a día.
- Se adapta al ritmo real de la empresa.
- Fomenta la implicación del equipo.

Inconvenientes

- No sirve como documento externo.
- Puede quedar desactualizado si no se revisa.
- A veces se descuida su formalización.

Un plan de uso interno no necesita un diseño espectacular, pero sí debe ser práctico, claro y fácil de actualizar.

Plan estratégico

El plan estratégico es una herramienta de gestión de medio y largo plazo. Se centra en definir la dirección futura de la empresa, más allá de las acciones concretas.

Es habitual en empresas que ya están operando y que desean dar un salto cualitativo.

¿Cuándo se usa?

- En procesos de transformación empresarial.
- Para cambiar de modelo de negocio.

- Al redefinir misión, visión y valores.
- En procesos de internacionalización o digitalización.

Estructura habitual

- Análisis del entorno (externo e interno).
- Visión, misión y valores.
- Diagnóstico y DAFO.
- Objetivos estratégicos (3 a 5 años).
- Líneas estratégicas y planes de acción.
- Indicadores de éxito.
- Seguimiento y evaluación.

Ventajas

- Marca una dirección clara y compartida.
- Alinea esfuerzos en toda la organización.
- Aporta una visión de largo plazo.

Inconvenientes

- No está pensado para proyectos nuevos.
- Puede ser demasiado general si no se concreta.
- Requiere seguimiento riguroso.

El plan estratégico debe estar conectado con el plan operativo y, en algunos casos, con el plan financiero.

No es una presentación para terceros, sino una brújula organizativa.

¿Cuál necesitas tú?

Después de analizar estos seis tipos de plan, llega el momento clave: decidir cuál necesitas tú.

La respuesta depende de varios factores que debes considerar con honestidad.

¿En qué etapa estás?

- *Idea o validación:* empieza con un *Lean Canvas* o un plan de una página.
- *Lanzamiento formal:* usa un plan tradicional para estructurar todo.
- *Crecimiento o expansión:* elabora un plan de expansión o uno estratégico.
- *Negocio en marcha:* trabaja con un plan de uso interno anual.

¿Para quién lo haces?

- *Para ti o tu equipo:* elige un plan práctico y visual.
- *Para inversores o bancos:* elabora un plan tradicional, completo y argumentado.
- *Para una aceleradora o incubadora:* adapta el formato, pero siempre con enfoque *Lean*.

¿Cuánto sabes sobre tu mercado?

- Si ya conoces bien el sector y tus clientes, puedes pasar directamente a un plan de acción.
- Si aún estás explorando, necesitas primero validar hipótesis (*Lean Canvas*).

¿Qué recursos tienes?

- Un emprendedor solo puede optar por formatos simples al principio.
- Una empresa consolidada puede permitirse dedicar tiempo y personal a un plan más completo.

¿Qué objetivo tienes?

Objetivo principal	Tipo de plan recomendado
Validar una idea	*Lean Canvas*
Conseguir inversión	Plan tradicional
Gestionar el día a día	Plan interno
Crecer y expandirse	Plan de expansión
Redefinir el rumbo	Plan estratégico

Consejo final: empieza simple, pero empieza.

No te paralices por no saber qué tipo de plan hacer. Lo más importante es empezar a escribirlo. Luego podrás ampliarlo, reformularlo o transformarlo. Muchos grandes negocios comenzaron con un folio mal escrito…, que luego se convirtió en un plan claro, sólido y profesional.

Conclusión del capítulo

Los planes de negocio no son un único documento con forma y tamaño estándar, sino herramientas que deben adaptarse a cada etapa, a cada necesidad y a cada público.

Lo importante no es seguir un formato concreto, sino usar el plan como medio para pensar, ordenar, decidir y comunicar.

Elige el formato que más te convenga ahora, sabiendo que más adelante podrás modificarlo.

Lo importante es que te sirva para avanzar, tomar decisiones y construir un negocio con sentido.

En el próximo capítulo te ayudaré a entender cuándo se debe hacer o actualizar un plan de empresa, según las distintas fases de vida del proyecto y los momentos clave en los que el plan se vuelve imprescindible.

Porque, como ya sabes, no basta con tener un plan, hay que saber cuándo usarlo.

CUÁNDO HACER O ACTUALIZAR UN PLAN DE EMPRESA

Uno de los mayores errores que cometen los emprendedores y empresarios es pensar que el plan de empresa se redacta una única vez, al inicio del proyecto.

Nada más lejos de la realidad.

Un buen plan es una herramienta viva, dinámica, que debe revisarse, adaptarse y, en muchos casos, reescribirse por completo según evolucionan el negocio y el entorno.

Este capítulo responde a una pregunta fundamental: ¿en qué momentos concretos hay que elaborar o actualizar un plan de empresa? La respuesta no es única ni cerrada, pero sí existen seis momentos clave en los que el plan se convierte en una herramienta imprescindible.

Antes de lanzar un negocio

El momento más evidente para elaborar un plan de empresa es antes de poner en marcha un nuevo proyecto. En esta fase inicial, la idea aún no ha sido testada en el mercado, los recursos están por definirse y el modelo de negocio necesita estructurarse con lógica.

¿Por qué es tan importante en esta etapa?

- *Organiza las ideas:* lo que en tu cabeza puede parecer claro y coherente, al escribirlo se vuelve concreto, medible y sujeto a crítica.
- *Valida la viabilidad:* obliga a hacer números, investigar el mercado, analizar la competencia y detectar carencias que podrían pasar desapercibidas.
- *Aumenta la confianza:* tanto la tuya como la de tus socios o posibles colaboradores. Un plan bien hecho genera seguridad y compromiso.
- *Evita errores costosos:* al anticipar necesidades de financiación, obstáculos legales o problemas operativos.
- *Facilita la toma de decisiones:* desde la elección de la forma jurídica hasta la estrategia de lanzamiento, canales de venta o precios.

¿Qué tipo de plan conviene?

En esta etapa puedes partir de un *Lean Canvas* para validar la idea y evolucionar hacia un plan tradicional completo si el negocio requiere inversión o estructura formal.

Si tu proyecto es sencillo o muy personal (por ejemplo, un negocio de autoempleo), un plan de una página también puede ser suficiente.

Recomendación práctica

No esperes tenerlo todo resuelto para empezar el plan. Usa el propio proceso de redacción como guía para descubrir qué necesitas investigar más. Escribir el plan no es un examen, es un proceso de clarificación y aprendizaje.

Al buscar financiación

Uno de los usos más comunes del plan de empresa es convencer a terceros de que tu proyecto es sólido y rentable.

Esto se aplica tanto a la financiación externa (préstamos, inversores, subvenciones) como a negociaciones con proveedores o socios estratégicos.

¿Por qué es esencial?

- *Demuestra profesionalidad y preparación:* ninguna entidad bancaria ni inversor serio tomará en cuenta un negocio que no tiene un plan claro.
- *Refuerza la confianza:* el plan muestra que sabes lo que estás haciendo, cuánto necesitas, para qué lo necesitas y cómo vas a devolverlo o rentabilizarlo.
- *Aporta datos clave:* sobre proyecciones financieras, retorno de la inversión (ROI), estructura de costes, márgenes, punto de equilibrio, etc.
- *Permite anticipar preguntas:* al tener todo estructurado, estás más preparado para las reuniones y entrevistas con financiadores.

¿Qué debe incluir un plan para financiación?

- Resumen ejecutivo fuerte y claro
- Análisis financiero detallado, con hipótesis realistas
- Justificación de la necesidad del capital
- Proyección de retorno, con escenarios optimista, moderado y pesimista
- Plan de amortización (si es un préstamo)
- Estrategia de crecimiento clara

Tipo de plan recomendado

Un plan tradicional completo, profesionalmente estructurado, con gráficos, tablas y anexos. Este tipo de documento debe ser visualmente atractivo y redactado con precisión.

Si es para inversión privada, conviene acompañarlo de un *pitch deck*.

Recomendación práctica

Nunca mientas ni exageres. La transparencia y la coherencia son más importantes que la grandilocuencia.

Quien analiza planes de negocio con frecuencia detecta rápidamente las incoherencias. Un plan realista inspira más confianza que uno con promesas imposibles.

En fases de crecimiento y expansión

Cuando un negocio ya está funcionando y entra en una fase de crecimiento —ya sea por aumento de ventas, contratación de personal, diversificación o expansión geográfica—, es momento de actualizar o elaborar un nuevo plan centrado en esa nueva etapa.

¿Por qué es tan útil en esta fase?

- *Evita crecer de forma desordenada:* el crecimiento puede ser tan peligroso como el estancamiento si no se gestiona con planificación.
- *Permite analizar la rentabilidad del nuevo paso:* no todo crecimiento es rentable ni sostenible.
- *Facilita la coordinación:* si vas a abrir más locales, contratar

más personal o entrar en nuevos mercados, necesitas una hoja de ruta clara.

- *Atrae nuevos recursos:* si necesitas más financiación o socios, un plan de expansión sólido es la mejor carta de presentación.

Elementos clave del plan en esta etapa

- Diagnóstico de la situación actual
- Justificación del crecimiento (demanda, capacidad, oportunidades)
- Estrategia de expansión
- Recursos humanos y técnicos necesarios
- Calendario de implementación
- Nuevas proyecciones financieras
- Análisis de riesgos específicos del crecimiento

Tipo de plan recomendado

Un plan de expansión enfocado, directo, con cifras, indicadores y métricas claras.

No hace falta repetir el plan completo del negocio original, pero sí explicar cómo la nueva fase se integra con la anterior y qué impacto tendrá.

Recomendación práctica

Revisa especialmente los procesos operativos y la estructura organizativa: muchas empresas fracasan al crecer porque no adaptan su modelo interno a la nueva escala.

En revisiones estratégicas anuales

Una de las mejores prácticas en gestión empresarial es revisar el plan de empresa al menos una vez al año, en el marco de la planificación estratégica del nuevo ejercicio.

Esta revisión no implica rehacer todo el plan, pero sí ajustar objetivos, analizar resultados y redefinir acciones.

¿Por qué hacerlo cada año?

- Permite comparar previsión con realidad.
- Detecta desviaciones y permite corregir a tiempo.
- Reformula objetivos según resultados y contexto.
- Activa el aprendizaje organizacional.
- Involucra al equipo en la planificación del nuevo año.

Contenido mínimo de una revisión anual

- Análisis del cumplimiento del plan anterior.
- Evaluación de indicadores clave (ventas, margen, satisfacción, etc.).
- Diagnóstico del entorno: oportunidades, amenazas, tendencias.
- Nuevos objetivos SMART para el año.
- Plan de acción y presupuesto.

Tipo de plan recomendado

Un plan de uso interno, práctico, funcional y adaptado a la realidad de la empresa. Puede convivir con un plan estratégico a más largo plazo.

Recomendación práctica

No conviertas la revisión en un trámite burocrático. Usa herramientas visuales (tableros, *dashboards,* reuniones participativas) que fomenten el análisis, la creatividad y el compromiso de todo el equipo.

En crisis o cambios regulatorios

Ninguna empresa está libre de enfrentar situaciones inesperadas: una crisis económica, una pandemia, una nueva ley, una caída brusca de ventas, la ruptura con un proveedor clave o un cambio imprevisto en el mercado.

En estos casos, actualizar el plan de empresa puede marcar la diferencia entre adaptarse o desaparecer.

¿Por qué es tan valioso en tiempos de crisis?

- Facilita una visión clara en medio de la incertidumbre.
- Permite reordenar prioridades y recursos.
- Ayuda a tomar decisiones rápidas, pero meditadas.
- Activa planes de contingencia o de emergencia.
- Demuestra resiliencia ante terceros (clientes, bancos, socios).

¿Qué debe incluir el plan en este contexto?

- Diagnóstico actualizado de la situación (impacto real de la crisis).
- Escenarios alternativos y plan B (y C).
- Reducción de costes o reasignación de recursos.

- Plan de comunicación interna y externa.
- Nuevos objetivos de supervivencia o reinvención.

Tipo de plan recomendado

Una versión actualizada del plan original, adaptada al nuevo contexto. Puede partir del plan de uso interno, pero transformarse también en una herramienta externa si se busca refinanciar deuda o reestructurar la empresa.

Recomendación práctica

En tiempos de crisis, la rapidez es clave, pero también la claridad. Evita improvisaciones caóticas: un plan claro, aunque breve, puede ser más útil que un caos de acciones urgentes sin estrategia.

Al planificar una salida o sucesión

En el ciclo de vida de una empresa también llegan momentos en los que el objetivo ya no es crecer, sino cerrar, vender o traspasar. En estos casos, tener un plan actualizado es igualmente esencial.

¿Por qué planificar la salida?

- Maximiza el valor del negocio en una venta.
- Facilita el proceso de sucesión en empresas familiares.
- Evita problemas legales o fiscales en cierres o transmisiones.
- Permite planificar una jubilación ordenada o una nueva etapa profesional.

Elementos que debe incluir este plan

- Valoración de la empresa.
- Escenarios de salida: venta, fusión, liquidación, sucesión.
- Calendario de acciones.
- Análisis fiscal y legal.
- Comunicación con empleados, clientes y proveedores.
- Plan de transferencia de conocimiento.

Tipo de plan recomendado

Un plan específico para sucesión o salida, que puede ser una extensión del plan estratégico.

Debe estar acompañado por informes técnicos (tasaciones, balances) y asesoramiento especializado.

Recomendación práctica

No dejes este paso para el final. Cuanto antes empieces a planificar la salida, mejores serán las condiciones, el valor obtenido y la continuidad (si aplica) del negocio.

Un plan bien diseñado puede ser la diferencia entre vender un activo y cerrar una puerta.

Conclusión del capítulo

Como ves, el plan de empresa no es solo para empezar un negocio, es una herramienta valiosa en múltiples momentos del ciclo de vida de una empresa: al iniciar, crecer, buscar financiación, enfrentar crisis o preparar el cierre.

La clave está en comprender que un buen plan no es un documento estático.

Es un recurso estratégico que debe revisarse, adaptarse y evolucionar según las circunstancias.

Y no se hace solo para terceros, sino —sobre todo— para ti y tu equipo.

Así que recuerda: cada etapa de tu negocio merece su propio plan.

No hay que esperar a tener problemas para volver a escribir.

Planificar es prevenir, anticiparse, tomar mejores decisiones y avanzar con mayor seguridad.

En el próximo capítulo nos adentraremos en una idea fundamental: cómo se estructura un plan de empresa.

Veremos su esqueleto habitual, los apartados que debe incluir y cómo adaptar esa estructura a tu realidad concreta.

¿Preparado para empezar a construir tu propio plan paso a paso?

¡Vamos a ello!

PARTE II
CÓMO CONSTRUIR TU PLAN
DE EMPRESA PASO A PASO

Después de haber comprendido los fundamentos, tipos y momentos clave para elaborar o revisar un plan de empresa, es hora de entrar en materia: construirlo paso a paso.

Esta segunda parte del libro está diseñada como una guía práctica, pensada para que puedas elaborar tu propio plan, ya sea para uso interno, para buscar financiación o como hoja de ruta estratégica.

Un plan de empresa no es simplemente un documento formal para impresionar a inversores o bancos, es una herramienta de reflexión, organización y toma de decisiones.

Al redactarlo, estás definiendo los pilares de tu proyecto: ¿qué vas a ofrecer?, ¿a quién?, ¿cómo?, ¿con qué recursos?, ¿con qué objetivos?, ¿cómo vas a medir el éxito?

Por eso, construir un buen plan de empresa no es un acto burocrático, sino una acción estratégica de gran valor.

Esta parte del libro te guía en ese proceso con una estructura clara, lógica y adaptable.

¿Qué vas a encontrar en esta parte del libro?

En esta parte II recorreremos cada uno de los componentes esenciales del plan, desde la investigación preliminar hasta las proyecciones financieras.

Cada capítulo estará dedicado a un apartado clave, que no solo explicaremos en teoría, sino también con consejos prácticos, ejemplos y advertencias comunes.

Aquí tienes un adelanto de lo que vas a trabajar:

- *Investigación previa:* el análisis de mercado, competencia, cliente ideal y entorno económico. Todo plan debe construirse sobre datos y no solo sobre intuiciones.
- *Resumen ejecutivo:* aunque se redacta al final, es la carta de presentación del plan y puede marcar la diferencia en una primera impresión.
- *Descripción del proyecto y modelo de negocio:* ¿qué problema resuelves?, ¿con qué propuesta de valor?, ¿cómo funciona tu actividad?
- *Análisis DAFO y estrategia competitiva:* para detectar tus puntos fuertes, tus debilidades, las oportunidades del mercado y las amenazas externas, y cómo posicionarte frente a ello.
- *Plan de marketing y ventas:* cómo vas a llegar a tus clientes, qué canales usarás, qué precios establecerás y qué estrategia seguirás para captar y fidelizar.
- *Plan de operaciones y organización interna:* desde los procesos clave hasta los recursos humanos, proveedores, tecnología y localización.
- *Plan económico–financiero:* previsión de ingresos y gastos, inversión inicial, punto de equilibrio, balances proyectados, flujo de caja y rentabilidad esperada.

Cada uno de estos apartados tiene un papel específico en tu plan, y todos juntos forman una visión integral y coherente de tu negocio. Si uno de ellos falla o se omite, el plan pierde fuerza.

¿Qué necesitas para empezar?

No hace falta ser un experto en economía, *marketing* o derecho empresarial.

Lo que necesitas es:

- *Conocimiento del proyecto:* eres la persona que mejor conoce tu idea, tu pasión y lo que quieres lograr.
- *Voluntad de investigar:* ningún plan se escribe con suposiciones. Investigar el mercado, los costes, los competidores o el perfil del cliente es parte esencial del proceso.
- *Capacidad de reflexión:* para pensar estratégicamente y tomar decisiones importantes sobre el rumbo del negocio.
- *Paciencia y método:* construir un plan serio lleva tiempo, pero con una guía paso a paso, cada bloque se vuelve abordable.

Cómo sacarle el máximo provecho a esta parte

Puedes abordar esta parte del libro de forma lineal, siguiendo los capítulos en orden, o bien empezar por los bloques que tengas más claros o que necesites trabajar con urgencia.

Cada capítulo incluye:

- Explicación clara del bloque correspondiente
- Preguntas clave que deberías responder

- Consejos prácticos para redactar cada sección.
- Ejemplos reales o simulados.
- Posibles errores que evitar.
- Indicaciones para adaptar según tu tipo de plan (tradicional, *Lean,* expansión, etc.).

Además, al final de esta parte encontrarás plantillas y esquemas personalizables que podrás usar para redactar tu propio plan de forma ordenada.

Manos a la obra.

Recuerda: no estás rellenando formularios ni siguiendo un trámite, estás diseñando el futuro de tu empresa, poniéndole palabras, estructura, estrategia y viabilidad a tu idea.

Así que toma papel y lápiz, o abre un documento en blanco, y prepárate para dar forma real a tu visión.

Comenzamos en el próximo capítulo con el primer paso esencial: la investigación previa.

INVESTIGACIÓN PREVIA: EL PASO QUE NO DEBES SALTARTE

Uno de los errores más comunes al redactar un plan de empresa es comenzar a escribir sin haber realizado una investigación previa rigurosa. Muchos emprendedores se enamoran tanto de su idea que asumen que el mercado les responderá positivamente solo por el entusiasmo que le ponen. Pero el mercado no responde a emociones: responde a necesidades, precios, hábitos de consumo y condiciones reales. Por eso, la investigación previa no es un paso más, sino el paso que determina si tu plan tendrá sentido o no. Es el momento de salir de tu burbuja y comprobar si el mundo está preparado (y dispuesto) para lo que vas a ofrecer.

Investigación de mercado

¿Qué es?

La investigación de mercado consiste en recopilar y analizar información sobre el entorno donde piensas operar: tu sector, tus potenciales clientes, sus hábitos, sus preferencias, sus problemas y el contexto económico y geográfico que puede influir en tu empresa.

¿Por qué es esencial?

Porque sin conocer el mercado no puedes definir con precisión:

- La demanda real de tu producto o servicio.
- El tamaño de tu oportunidad de negocio.
- Las tendencias actuales y futuras que pueden afectarte.
- Las características clave del cliente.
- Las barreras de entrada del sector.

¿Qué debes investigar?

Aquí tienes los elementos fundamentales:

- *Demografía:* edad, sexo, nivel educativo, nivel de ingresos, ubicación geográfica.
- *Psicografía:* valores, estilos de vida, prioridades, motivaciones de compra.
- *Hábitos de consumo:* frecuencia, canales preferidos (*online*, presencial), sensibilidad al precio.
- *Tamaño del mercado:* volumen potencial de clientes y gasto medio.
- *Segmentación del mercado:* ¿puedes dividirlo por nichos?, ¿a cuál vas a dirigirte?

¿Cómo se obtiene la información?

- *Fuentes secundarias:* estudios de mercado ya realizados, informes sectoriales, estadísticas oficiales (INE, Eurostat, Observatorios empresariales, etc.).
- *Fuentes primarias:* encuestas, entrevistas, grupos focales, observación directa, pruebas piloto.

Ejemplo práctico

Supón que quieres abrir un gimnasio de entrenamiento funcional en una ciudad media.
   Tu investigación podría incluir:

- Número de habitantes entre 25 y 45 años (tu público objetivo).
- Cuántos gimnasios ya existen y qué tipo de servicio ofrecen.
- Qué precios manejan.
- Opiniones de usuarios en las redes sociales.
- Tendencias de crecimiento del sector *fitness*.
- Si hay demanda insatisfecha o nichos (entrenamiento de mujeres embarazadas, por ejemplo).

Benchmarking y análisis de competencia

¿Qué es el *benchmarking*?

El *benchmarking* es una técnica que consiste en estudiar a los mejores competidores del sector para entender qué hacen bien, cómo lo hacen y qué puedes aprender o mejorar a partir de su ejemplo.

¿Qué es el análisis de competencia?

Es una evaluación sistemática de quiénes son tus competidores, qué ofrecen, qué precios manejan, cómo se diferencian y qué cuota de mercado tienen.
   Implica también detectar sus debilidades para aprovecharlas.

¿Por qué son necesarios?

Porque no vendes en el vacío. Tus clientes pueden comparar, y tú debes hacerlo también. Entender a tu competencia te permite:

- Posicionar mejor tu marca.
- Crear una propuesta de valor diferenciada.
- Evitar errores cometidos por otros.
- Detectar oportunidades donde otros fallan.

¿Qué debes analizar?

- *Competencia directa:* empresas que ofrecen exactamente lo mismo que tú al mismo tipo de cliente.
- *Competencia indirecta:* soluciones distintas que resuelven el mismo problema.
- *Competencia potencial:* negocios que aún no existen pero podrían surgir fácilmente.

Indicadores clave para analizar

- Precio, modelo de negocio, canales de distribución.
- Estrategia de *marketing* y comunicación.
- Reputación y fidelización de clientes.
- Ventajas competitivas claras.
- Nivel de innovación o estancamiento.

¿Cómo hacer el análisis?

Puedes elaborar una tabla comparativa donde pongas los principales competidores y valores variables como:

Competidor	producto/ servicio	Precio	Canales	Puntos fuertes	Puntos débiles

Este ejercicio te ayudará a detectar tu hueco en el mercado: lo que nadie está ofreciendo todavía o lo que tú puedes hacer mejor.

Herramientas útiles

- Google y redes sociales.
- Opiniones en foros y *marketplaces*.
- Google Maps para ver locales cercanos.
- SimilarWeb y SEMrush para analizar webs y tráfico.
- Visitas como cliente oculto.

Perfil del cliente ideal

¿Qué es?

El cliente ideal (o *buyer* persona) es una representación semificticia del tipo de persona que compraría tu producto o servicio.

No es una descripción genérica de tu público, sino un retrato detallado de alguien concreto.

¿Por qué necesitas definirlo?

Porque no puedes diseñar una oferta potente si no sabes exactamente a quién te diriges. Definir al cliente ideal te ayuda a:

- Elegir los canales de *marketing* adecuados.
- Ajustar el tono del mensaje.

- Fijar precios realistas.
- Tomar decisiones sobre producto o servicio.

¿Qué datos debes incluir?

- *Datos demográficos:* edad, género, profesión, nivel de estudios, estado civil, lugar de residencia.
- *Datos conductuales:* hábitos de compra, canales favoritos, tipo de contenido que consume, experiencias anteriores.
- *Motivaciones y frustraciones:* ¿qué problema quiere resolver?, ¿qué le preocupa?, ¿qué lo frena?

Ejemplo de cliente ideal
Nombre ficticio: Laura, 34 años, trabaja como diseñadora gráfica *freelance*. Vive en Madrid. No tiene hijos. Le preocupa su salud pero no le gusta ir a gimnasios convencionales. Busca opciones de entrenamiento al aire libre o con grupos reducidos. Está dispuesta a pagar más por un servicio personalizado. Lee blogs de salud, escucha pódcasts y usa Instagram para buscar inspiración.

Este perfil te permite construir una propuesta concreta que conecte con sus emociones, estilo de vida y necesidades reales.

¿Cómo crear el perfil?

- Entrevistas con potenciales clientes.
- Encuestas *online.*
- Formularios en redes sociales.
- Observación de comunidades digitales.
- Tu propia experiencia (si ya has trabajado con ese tipo de público).

Recursos y herramientas para investigar

La buena noticia es que hoy día no necesitas una gran inversión para realizar una investigación útil.

Existen herramientas gratuitas o muy asequibles que pueden darte una ventaja competitiva desde el principio.

Fuentes secundarias útiles

- Instituto Nacional de Estadística (INE): datos demográficos, empleo, vivienda, consumo.
- Cámaras de Comercio: informes por sectores.
- Portales como Statista o Eurostat: comparativas internacionales.
- Revistas y blogs sectoriales: tendencias, innovación, casos reales.
- Observatorios de emprendedores o pymes: informes anuales gratuitos.

Herramientas digitales para análisis

- Google Trends: descubre el interés por ciertos términos de búsqueda.
- Answer The Public: para saber qué preguntas hace la gente sobre un tema.
- Google Forms / Typeform: para crear encuestas *online*.
- SEMrush / Ahrefs: análisis SEO y de competencia digital.
- SimilarWeb: tráfico de webs competidoras.
- Ubersuggest: ideas de contenido, palabras clave y análisis SEO.

Técnicas cualitativas

- *Entrevistas en profundidad:* lo ideal es hablar con entre 5 y 10 personas del público objetivo.
- *Focus groups:* grupos reducidos que debaten sobre tu idea.
- *Observación directa:* visita locales, eventos, ferias, tiendas y observa comportamientos reales.
- *Mistery shopping:* actuar como cliente en negocios competidores.

Validación temprana

Además de investigar, puedes validar tu idea antes de lanzarte:

- Crea un prototipo y enséñalo a potenciales clientes.
- Publica una *landing page* con un formulario de interés.
- Ofrece un servicio beta a un grupo reducido.
- Mide el interés con campañas de prueba en redes.

Esto te ayudará a detectar ajustes necesarios antes de avanzar.

Conclusión del capítulo

La investigación previa es el cimiento de un buen plan de empresa. No sirve de nada tener una gran idea si el mercado no la necesita, si la competencia es aplastante o si el cliente ideal no está bien definido.

Tampoco basta con datos genéricos, sino que hay que entender el contexto, el comportamiento del cliente y el terreno competitivo con precisión.

Hacer este trabajo puede parecer laborioso, pero te ahorrará muchos errores, tiempo y dinero en el futuro.

Y lo más importante: te dará seguridad y claridad para tomar decisiones acertadas.

Recuerda: un plan de empresa sin investigación es como construir una casa sin planos ni estudio del terreno.

Puede que se mantenga en pie... o puede que se derrumbe al primer viento.

En el siguiente capítulo aprenderás cómo traducir toda esta información en un documento clave: el resumen ejecutivo.

Aunque suele colocarse al inicio del plan, solo se redacta una vez que ya tienes claros todos los elementos. Pero su importancia estratégica es enorme.

¡Vamos a por ello!

LA ESTRUCTURA DEL PLAN: EL ESQUELETO DEL DOCUMENTO

Una de las claves para que un plan de empresa funcione no está solo en el contenido, sino en cómo está organizado ese contenido.

Un buen plan debe ser coherente, claro, fácil de seguir y adaptado al lector.

Si es confuso, redundante o mal estructurado, perderá toda su fuerza, aunque la idea sea brillante.

La estructura es el esqueleto que sostiene todo el plan.

Como tal, debe cumplir dos funciones esenciales: organizar la información de forma lógica y facilitar la comprensión y evaluación del proyecto.

No se trata de rellenar secciones por rellenar, sino de construir un documento que cuente bien tu historia empresarial, justifique cada paso y permita tomar decisiones.

En este capítulo te mostraremos:

- Cuáles son los apartados que no deben faltar.
- Las diferencias entre un formato clásico y uno visual.
- Cómo adaptar la estructura a distintos tipos de destinatarios (inversores, bancos, socios, tú mismo).

¿Qué apartados debe incluir un plan de empresa?

Aunque no existe un único modelo obligatorio, un plan de empresa profesional suele contar con los siguientes bloques:

Resumen ejecutivo

Es una síntesis de todo el plan. Aunque se coloca al principio, se redacta al final. Debe captar la atención en una o dos páginas. Incluye:

- Nombre y descripción del negocio.
- Necesidad que cubre o problema que resuelve.
- Propuesta de valor.
- Público objetivo.
- Modelo de negocio.
- Resumen financiero básico (inversión, facturación prevista).
- Objetivo del plan (captar inversión, organización interna, etc.)

Análisis de mercado

Aquí se plasma todo lo aprendido en la fase de investigación previa. Es un apartado clave para demostrar que tu idea se apoya en datos reales.

- Tamaño del mercado y tendencia.
- Segmentos de clientes.
- Análisis de la competencia.
- Oportunidades detectadas.
- Riesgos o barreras de entrada.

Modelo de negocio y propuesta de valor

Este bloque responde a las preguntas: ¿cómo vas a ganar dinero?, ¿qué vendes exactamente?, ¿por qué te van a elegir a ti? Incluye:

- Propuesta de valor diferenciadora
- Fuentes de ingresos.
- Estrategia de precios.
- Canales de venta.
- Relación con los clientes.
- Actividades clave.
- Recursos clave.
- Socios clave.

Puedes usar el lienzo *Business Model Canvas* como guía visual para este apartado.

Plan de *marketing* y ventas

Detalla cómo vas a captar, convertir y fidelizar clientes. Incluye:

- Estrategia de marca.
- Posicionamiento.
- Canales de captación (publicidad, SEO, redes sociales, eventos, etc.).
- Estrategias de conversión.
- Plan de fidelización.
- Calendario promocional.
- Presupuesto de *marketing*.

Este apartado debe ser realista, medible y coherente con tu público y tu producto.

Plan operativo

Describe cómo funcionará el negocio en la práctica:

- Procesos de producción o prestación de servicios.
- Logística y distribución.
- Ubicación y necesidades físicas.
- Tecnología y sistemas de gestión.
- Proveedores clave.
- Gestión de calidad.

En el caso de negocios digitales, se incluye aquí el desarrollo tecnológico.

Equipo humano

A los inversores y entidades financieras les interesa saber quién está detrás del proyecto.

No basta con tener una buena idea, hace falta un equipo capaz de ejecutarla.

Este apartado puede incluir:

- Estructura organizativa.
- CV breves de los fundadores.
- Experiencia relevante.
- Roles clave y funciones.
- Necesidades de contratación.

También se valora la implicación del equipo: ¿trabajarán a jornada completa?, ¿tendrán incentivos?

Plan financiero

Es uno de los apartados más delicados. Aquí se proyectan los números del negocio y se valora su viabilidad económica.
Debe incluir al menos:

- Presupuesto inicial de inversión.
- Previsión de ingresos y gastos (mensual, trimestral o anual).
- Cuenta de resultados proyectada.
- Punto de equilibrio *(break even)*.
- Flujo de caja *(cash flow)*.
- Balance previsional.
- Necesidades de financiación (si las hay).

Es clave que los datos sean coherentes, basados en hipótesis razonables y no en números mágicos.

Análisis DAFO y riesgos

Un buen plan también reconoce sus debilidades. El análisis DAFO permite mostrar:

- Fortalezas
- Debilidades
- Oportunidades
- Amenazas

Además, conviene incluir:

- Posibles escenarios negativos.
- Riesgos sectoriales o regulatorios.
- Planes de contingencia.

Anexos

Aquí puedes añadir documentos que apoyen el plan:

- Estudios de mercado completos.
- Gráficos.
- Currículums extensos.
- Contratos clave.
- Licencias.
- Acuerdos preliminares con proveedores o clientes.

Formato clásico frente a formato visual

No todos los planes deben presentarse igual. Según tu perfil, sector o público, puedes optar por distintos estilos de presentación. Vamos a comparar los dos más comunes:

Formato clásico

Es el más tradicional y aceptado en entornos financieros, bancarios y corporativos. Suele tener entre 20 y 40 páginas. Se estructura de forma textual, con gráficos o tablas en apoyo.

Ventajas:

- Es profesional y completo.
- Está aceptado por inversores, entidades públicas, bancos.
- Permite desarrollar bien los argumentos.

Inconvenientes:

- Puede resultar denso.
- Requiere tiempo de lectura.
- Es más difícil de adaptar para presentaciones breves.

Formato visual

Se basa en esquemas, diagramas, cuadros y estructuras ágiles. A menudo toma la forma de una presentación en PowerPoint, PDF visual o documento *online* interactivo.

Ventajas:

- Es más atractivo visualmente.
- Resulta ideal para presentaciones rápidas (*pitches*).
- Es fácil de compartir digitalmente.

Inconvenientes:

- Puede perder profundidad analítica.
- No siempre es aceptado como único documento (por bancos o administraciones).

Recomendación

- Si tu destinatario es un inversor, puedes usar un formato visual para el *pitch* y un formato clásico para ampliar.
- Si es un documento para uso interno, puede ser más esquemático y centrarse en aspectos operativos.
- Si es para una subvención o trámite oficial, sigue el formato clásico con rigurosidad documental.

Una opción mixta (documento + presentación) suele ser ideal.

Adaptar la estructura al destinatario

Uno de los errores más comunes es usar el mismo plan para todos los públicos. Pero, como cada lector tiene intereses distintos, tu plan debe adaptarse a ellos si quieres generar impacto.

¿Para quién estás escribiendo?

A. Inversores privados (*business angels,* fondos, etc.)

Lo que buscan:

- Rentabilidad del proyecto.
- Escalabilidad.
- Equipo fundador competente.
- Sostenibilidad del modelo.

Recomendaciones:

- Poner énfasis en el resumen ejecutivo y plan financiero.
- Mostrar la oportunidad de mercado.
- Ofrecer un formato visual para presentaciones iniciales, clásico para *due diligence.*
- Reflejar una posible salida del inversor (*exit*).

B. Entidades financieras (bancos, microcréditos)

Lo que buscan:

- Viabilidad económica y solvencia.
- Solidez del plan de ingresos y gastos.
- Capacidad de devolución del préstamo.

Recomendaciones:

- Detalle en el plan financiero.
- Documentación adicional: garantías, avales, historial financiero.
- Formato clásico y ordenado.
- Plan de contingencia.

C. Administraciones públicas (subvenciones, concursos)

Lo que buscan:

- Cumplimiento normativo.
- Impacto económico y social.
- Creación de empleo.
- Alineación con programas públicos.

Recomendaciones:

- Seguir las guías o modelos oficiales.
- Ofrecer una documentación técnica completa.
- Mostrar un formato clásico con anexos.

D. Socios potenciales o colaboradores estratégicos

Lo que buscan:

- Visión clara del negocio.
- Reparto de funciones y beneficios.
- Potencial de colaboración.

Recomendaciones:

- Resumen ejecutivo bien trabajado.
- Énfasis en modelo de negocio y equipo.
- Formato flexible: presentación o documento ejecutivo.

E. Uso interno (autónomo o para el equipo)

Lo que buscas:

- Guiar la toma de decisiones.
- Tener una hoja de ruta clara.
- Organizar acciones, roles y recursos.

Recomendaciones:

- Puede ser más sintético.
- Debe actualizarse con frecuencia.
- Ha de tener un formato flexible (incluso herramientas tipo Notion, Google Docs, Trello).
- Tiene que estar muy enfocado en lo operativo.

Consejos finales para estructurar bien tu plan

- *Empieza por el final:* redacta el resumen ejecutivo al acabar el resto del documento.
- *Escribe para el lector:* piensa siempre en quién va a leerlo, qué necesita saber y cómo lo entenderá mejor.
- *Sé claro y directo:* evita tecnicismos innecesarios o frases rebuscadas.
- *Incluye solo lo que aporta valor:* no rellenes por rellenar.
- *Cuida el diseño y la presentación:* usa títulos claros, tablas, gráficos, márgenes, tipografías legibles.
- *Asegúrate de que todo está conectado:* el plan debe ser coherente en todas sus partes.
- *Revisa ortografía, estilo y redacción:* un error puede transmitir falta de profesionalidad.
- *Usa herramientas digitales:* si es para uso compartido o interno (Notion, Canva, Google Docs, etc.).
- *Pide una revisión externa antes de presentarlo:* un par de ojos frescos pueden detectar errores o incoherencias.

Conclusión del capítulo

Un plan de empresa es como una historia bien contada: tiene un principio que engancha, un desarrollo sólido y un final convincente. Pero esa historia debe estar bien estructurada o perderá claridad, coherencia y fuerza.

Elegir la estructura adecuada es como escoger el molde antes de hacer el pastel. Si eliges el molde equivocado, por más buena que sea la masa, el resultado no cuajará.

Por eso, este capítulo te ha enseñado no solo los apartados fundamentales, sino también las formas alternativas de presentación y cómo adaptarlas según quién esté al otro lado del documento.

En el siguiente capítulo abordaremos cómo redactar el resumen ejecutivo, el primer bloque que abre tu plan y que, muchas veces, decide si alguien sigue leyendo... o no.

¡Vamos a ello!

RESUMEN EJECUTIVO: TU CARTA DE PRESENTACIÓN

Un plan de empresa puede tener decenas de páginas, gráficos, proyecciones y análisis detallados, pero, en la práctica, el resumen ejecutivo es la parte más leída, más valorada y, en muchos casos, la única que se lee antes de tomar una decisión.

Piensa en el resumen ejecutivo como en la contraportada de un libro: debe convencer al lector de que vale la pena seguir leyendo.

Si no logra despertar interés, todo el trabajo posterior puede quedar en el olvido.

Este capítulo tiene como objetivo enseñarte a construir un resumen ejecutivo claro, atractivo y eficaz.

Verás:

- Qué debe contener (y qué no).
- Cuándo y cómo escribirlo.
- Cómo evitar errores comunes.
- Un ejemplo práctico comentado, paso a paso.

Qué debe contener y qué no

El resumen ejecutivo no es una introducción ni una tabla de contenidos, es algo conciso, convincente y autónomo de todo el plan de empresa.
Debería permitir a cualquier lector entender tu propuesta en pocos minutos.

¿Qué debe incluir?

Nombre y descripción del negocio

- ¿Cómo se llama tu proyecto?
- ¿Qué producto o servicio ofrece?
- ¿En qué sector actúa?

Oportunidad de mercado

- ¿Qué necesidad, problema o carencia existe en el mercado?
- ¿Cómo lo identificaste?

Propuesta de valor

- ¿Qué solución única ofreces?
- ¿Qué te diferencia de otros?

Modelo de negocio

- ¿Cómo vas a generar ingresos?
- ¿Qué canales usarás?
- ¿Cuál es tu estrategia de precios?

Público objetivo

- ¿A quién vas a venderle?
- ¿Cómo es tu cliente ideal?

Estado actual del proyecto

- ¿En qué fase estás?, ¿idea, prototipo, ventas iniciales?
- ¿Ya has invertido recursos?
- ¿Tienes equipo, socios o acuerdos firmados?

Equipo emprendedor

- ¿Quién está detrás?
- ¿Qué experiencia aporta cada miembro?

Proyecciones financieras clave

- Facturación estimada en 3 o 5 años.
- Beneficio esperado.
- Inversión necesaria (si buscas financiación).
- Punto de equilibrio (*break even*).

Objetivo del plan. ¿Para qué presentas este documento?

- ¿Captar inversión?
- ¿Solicitar un crédito?
- ¿Conseguir socios?
- ¿Organizar el crecimiento?

¿Qué NO debe incluir?

- Detalles técnicos extensos (eso va en los capítulos).
- Frases vacías como «Somos únicos en el mundo» sin evidencia.
- Promesas exageradas sin respaldo.
- Lenguaje ambiguo o excesivamente informal.
- Cifras infladas sin justificación.

El resumen ejecutivo no es *marketing*, es estrategia resumida.

Extensión recomendada

- Entre 1 y 2 páginas.
- Si usas formato visual (diapositiva), puede ser una presentación de 8 a 10 bloques con iconos, cifras y frases clave.

Cómo escribirlo (aunque se redacte al final)

La mejor práctica consiste en escribir el resumen ejecutivo al final, cuando ya tienes el resto del plan completo. Pero eso no significa que no debas tenerlo en mente desde el principio.

Antes de escribir, recopila las ideas clave.

A medida que redactes cada capítulo del plan, anota los siguientes puntos:

- ¿Cuál es el dato más importante que acabas de escribir?
- ¿Cómo resumirías este capítulo en dos frases?
- ¿Qué parte de esta sección interesa más a un inversor o colaborador?

Cuando llegues al final, tendrás todos los ingredientes listos para componer tu resumen de forma coherente y poderosa.

Estructura para redactarlo

Aquí tienes una guía paso a paso para redactarlo. Puedes usar estos mismos encabezados como base:

Nombre del proyecto y descripción breve

GreenMove es una empresa de movilidad urbana que ofrece patinetes eléctricos compartidos mediante suscripción mensual, con presencia inicial en Barcelona.

El problema u oportunidad

La congestión del tráfico, el aumento del precio del combustible y las restricciones medioambientales están impulsando una demanda creciente de medios de transporte sostenibles y asequibles.

La solución o propuesta de valor

GreenMove permite a los usuarios moverse por la ciudad sin depender del coche ni de tarifas por minuto, mediante una tarifa plana mensual, acceso 24/7 y mantenimiento incluido.

Público objetivo

Nuestros principales clientes son jóvenes profesionales entre 25 y 40 años que viven en áreas urbanas, valoran la sostenibilidad y buscan alternativas al coche privado.

Modelo de negocio

Ingresos recurrentes mediante suscripciones mensuales desde 29 €/mes. Colaboraciones con empresas, hoteles y ayuntamientos para ingresos B2B.

Estado actual del proyecto

Tenemos un prototipo validado, acuerdos con proveedores, una primera ronda semilla cerrada de 60 000€ y pilotos en dos distritos de Barcelona.

El equipo

Fundadores con experiencia en movilidad urbana, tecnología y *marketing* digital. Red de mentores del programa Barcelona Activa.

Proyecciones financieras

Esperamos alcanzar 2000 suscriptores en el primer año, con una facturación de 420 000 €. Punto de equilibrio proyectado en el mes 18.

Objetivo del plan

Estamos buscando 200 000 € para expandirnos a tres nuevas ciudades en 12 meses y escalar nuestro modelo operativo.

Consejos de redacción

- Usa frases cortas.
- Evita tecnicismos.
- Prioriza los datos clave.
- No ocultes debilidades, pero sí compénsalas con planes o equipo.
- Reescribe. Un buen resumen suele necesitar varias versiones.

Ejemplo práctico comentado

A continuación, te presento un ejemplo completo de resumen ejecutivo (formato texto) con comentarios entre corchetes para ayudarte a entender el porqué de cada sección.

Resumen ejecutivo

Proyecto: **ComidaConectada**

ComidaConectada es una plataforma digital que conecta a personas que cocinan desde casa con vecinos que buscan comida casera, económica y saludable.

Nuestra aplicación permite a los cocineros publicar menús diarios y a los comensales hacer pedidos, recoger en el domicilio o solicitar entrega a domicilio. [Aquí se presenta la idea en una frase clara y atractiva.]

En los últimos años, ha crecido la demanda de soluciones de alimentación fuera del hogar que combinen calidad, proximidad y precio justo.

Al mismo tiempo, muchas personas cocinan en casa y buscan una fuente de ingresos.

Este modelo aprovecha ambas realidades y genera impacto social. [Se justifica la necesidad.]

Nuestra propuesta de valor es doble: para los usuarios, comida saludable a bajo precio; para los cocineros, una fuente de ingresos flexible.

Nos diferenciamos por el enfoque local, el control de calidad y una comunidad activa basada en la confianza. [Se describe lo que hace única a la propuesta.]

El público objetivo son adultos entre 30 y 60 años que viven en barrios urbanos, trabajan fuera de casa y desean una comida «como la de casa».

También madres y padres que prefieren evitar la comida rápida. [Perfil del cliente claro.]

El modelo de negocio se basa en comisiones por pedido (15 %) y suscripciones prémium para cocineros.

En una segunda fase se integrarán servicios logísticos.

Actualmente, operamos en tres distritos de Madrid con 200 cocineros registrados y 2000 usuarios activos. [Muestra que el negocio ya está en marcha.]

El equipo fundador incluye a tres profesionales con experiencia en desarrollo de plataformas tecnológicas, gestión de comunidades y *marketing* digital. [Credibilidad del equipo.]

En el primer año proyectamos ingresos de 320 000 € y beneficios netos del 12%. Alcanzaremos el punto de equilibrio en el mes 14. [Breve pero contundente dato financiero.]

Buscamos una inversión de 100 000 € para escalar a toda la ciudad de Madrid, invertir en marketing y fortalecer el sistema logístico. [Cierre claro con objetivo.]

Comentario final

Este resumen:

- Tiene menos de 500 palabras.
- Cubre todos los puntos clave.
- Está escrito con lenguaje directo, profesional y sin exageraciones.
- Es fácil de adaptar a una presentación visual o *elevator pitch*.

Errores frecuentes al redactar el resumen ejecutivo:

- *Escribirlo al principio sin conocer los detalles:* redacta al final, con visión global del plan.
- *Cargarlo de jerga técnica o legal:* no estás escribiendo para ingenieros ni abogados (a menos que sea el caso).
- *Hacerlo demasiado largo:* dos páginas como máximo.
- *No decir qué se busca:* es vital incluir si estás buscando inversión, crédito, socios, etc.
- *No mostrar la oportunidad:* expón claramente el problema que resuelves y por qué es un buen momento.
- *Usar frases huecas:* «Somos disruptivos» o «Somos líderes del sector», sin argumentos no convencen.

Conclusión del capítulo

El resumen ejecutivo es tu carta de presentación, tu primera impresión, tu oportunidad de oro.

Si está bien hecho, abre puertas; si es pobre, puede cerrarlas antes de que empieces a hablar.

No lo subestimes. Redáctalo con mimo. Revísalo. Pide opiniones. Adáptalo según el lector. Y sobre todo, no olvides su objetivo principal: contar tu historia de forma breve, convincente y profesional.

En el siguiente capítulo nos adentraremos en el análisis de mercado, el corazón estratégico de tu plan de empresa.

Porque solo si conoces el terreno donde vas a jugar podrás plantear una buena estrategia.

DESCRIPCIÓN DEL NEGOCIO

Cuando alguien lee tu plan de empresa, necesita entender quién eres, qué haces, por qué lo haces y cómo estás estructurado.

No es solo una cuestión formal.

Este apartado permite contextualizar el resto del documento y alinear todas las decisiones posteriores con la esencia del proyecto.

La descripción del negocio responde a preguntas clave como:

- ¿De dónde surge la idea?
- ¿Cuál es la visión a largo plazo?
- ¿Qué forma legal tiene o tendrá?
- ¿Dónde está ubicado?
- ¿Qué misión persigue?
- ¿Qué valores guían las decisiones?
- ¿Qué objetivos concretos se han marcado?

En este capítulo abordaremos todo ello en tres grandes bloques:

- Historia y visión del proyecto.
- Estructura legal y ubicación.
- Misión, valores y objetivos SMART.

Historia y visión del proyecto

¿Por qué importa la historia?

Aunque muchos planes de negocio se centran en cifras, estudios de mercado o proyecciones financieras, los inversores y colaboradores también quieren saber de dónde vienes y qué te mueve.

La historia del proyecto es tu relato fundacional, da contexto, humaniza, conecta emocionalmente y muchas veces explica el por qué profundo detrás del negocio.

Qué contar (y cómo)

El origen de la idea:

- ¿Cómo surgió el proyecto?
- ¿Qué problema personal, experiencia profesional o situación concreta inspiró la iniciativa?

La evolución hasta el momento:

- ¿Qué pasos has dado?
- ¿Has hecho pruebas, pilotos, prototipos, pequeñas ventas?

Aprendizajes y puntos de inflexión:

- ¿Qué cosas has probado y no han funcionado?
- ¿Qué descubrimientos marcaron un cambio de rumbo?

Quiénes están detrás:

- ¿Quién forma el equipo promotor?
- ¿Qué aporta cada uno?

Motivación:

- ¿Qué te mueve más allá del beneficio económico?
- ¿Qué te ilusiona o te preocupa del sector?

Ejemplo práctico: Marina trabajaba en una multinacional de cosmética, donde detectó una desconexión total entre los valores ecológicos que defendía la marca y las prácticas internas. Decidió emprender su propia línea de productos, formulados con ingredientes locales y envases reutilizables. En 2022 lanzó una prueba piloto en su barrio y hoy vende *online* a toda España. Su proyecto se llama TierraPura.

La visión: mirar al futuro

La visión empresarial es una proyección de largo plazo. No se trata de objetivos concretos, sino de una imagen inspiradora de lo que quieres lograr o transformar con tu proyecto.

Debe ser:

- *Aspiracional:* que motive y movilice.
- *Clara:* que cualquier persona la entienda.
- *Inspiradora:* que vaya más allá de ganar dinero.

Ejemplo de visión: ser la plataforma de referencia en Europa en servicios de bienestar emocional *online* para mujeres mayores de 40 años.

Ejemplo flojo: ganar dinero ofreciendo terapia *online* (carece de inspiración y perspectiva.)

Estructura legal y ubicación

¿Por qué es importante incluir la estructura legal? Aunque pueda parecer técnico, la forma jurídica del negocio influye en muchos aspectos: responsabilidad legal, impuestos, acceso a financiación, obligaciones contables, relación con socios y trabajadores, etc.
Cualquier lector serio de tu plan querrá saber:

- ¿Qué forma legal tiene tu negocio?
- ¿Está ya constituido o en proceso?
- ¿Por qué elegiste esa forma y no otra?

Formas jurídicas habituales

Forma jurídica	Ideal para...	Responsabilidad	Fiscalidad
Autónomo o empresario Individual	Proyectos pequeños o unipersonsales	Ilimitada	IRPF (régimen general o módulos)
Sociedad limitada (SL)	Emprendimientos con socios y crecimiento	Limitada al capital	Impuesto de sociedades
Sociedad anónima (SA)	Grandes empresas o con capital social alto	Limitada	Impuesto de sociedades
Sociedad cooperativa	Proyectos con lógica colaborativa o social	Variable	Beneficios fiscales

Ejemplo en tu plan

TierraPura está constituida como SL desde enero de 2023, con un capital social inicial de 3000 €.

La forma elegida permite separar el patrimonio personal y facilitar la entrada de futuros socios o inversores.

Ubicación física o digital

Es clave mencionar:

- Sede principal o dirección de referencia.
- Oficinas, locales o almacenes si los hay.
- Si operas 100 % *online*, explícalo y contextualiza.
- El negocio opera desde una oficina compartida en el centro de Sevilla. No se dispone de tienda física, ya que las ventas se realizan exclusivamente a través de la tienda *online*.

Otros datos relevantes

- ¿Estás registrado en algún programa de aceleración, incubadora o clúster?
- ¿Tienes licencias, permisos o registros?
- ¿Hay socios externos? ¿Qué porcentaje del capital poseen?

Actualmente, el 100 % del capital social pertenece a la fundadora. Se prevé abrir una ronda de inversión semilla en el segundo trimestre del año, destinada a ampliar el equipo y financiar acciones de *marketing*.

Misión, valores y objetivos SMART

¿Qué es la misión?

La misión de tu empresa explica en una o dos frases:

- Qué haces.
- Para quién lo haces.
- Qué valor aportas.

No debe ser una descripción técnica, sino una frase con propósito, que sirva de brújula interna y externa.

- *Ejemplo de misión:* ayudamos a mujeres a recuperar el equilibrio emocional en la menopausia mediante terapias personalizadas, asequibles y 100 % *online*.
- *Misión floja:* vender servicios de psicología para mujeres (descriptivo, pero sin propósito ni valor añadido).

Valores: el ADN de la empresa

Los valores son los principios que guían tu forma de actuar. Deben ser coherentes, visibles y aplicables en el día a día. No vale con copiar una lista genérica. Tienen que reflejar tu cultura y diferenciarte.
Ejemplos:

- Sostenibilidad radical.
- Transparencia con clientes.
- Empatía con proveedores.
- Agilidad para responder al cambio.

En TierraPura apostamos por cuatro valores esenciales: honestidad (no usamos reclamos falsos), circularidad (productos reutilizables), compromiso local (proveedores nacionales) y mejora continua (escuchamos a la comunidad).

Incluye 3 a 6 valores, no más. Y no uses palabras vacías como excelencia, sin explicar qué significan para ti.

Objetivos SMART

Una vez descritas la misión y los valores, toca definir objetivos concretos. Aquí entra en juego la metodología SMART:

Letra	Significado	Qué implica
S	Específico	Claro y sin ambigüedades
M	Medible	Que puedas saber si se ha logrado o no
A	Alcanzable	Realista, dadas tus condiciones
R	Relevante	Que tenga sentido en tu estrategia general
T	Temporal	Que tenga un plazo definido

Ejemplo de objetivo SMART: conseguir 100 nuevos clientes de suscripción mensual en los próximos 6 meses, mediante campañas en redes sociales y acuerdos con influencers del sector *wellness*.

Ejemplo de objetivo NO SMART: tener más clientes y vender más este año (no es específico, ni medible, ni tiene plazo).

Cómo presentar los objetivos en el plan

Puedes organizarlos por áreas:

- Ventas y *marketing:* captar X clientes, abrir canal en tal red, aumentar tráfico web.
- Finanzas: facturar X €, alcanzar *break even.*
- Producto o servicio: lanzar nueva gama, mejorar calidad percibida.
- Equipo: contratar tal perfil, formar al equipo.
- Impacto social o ambiental: reducir emisiones, colaborar con ONG local.

Ejemplo:
Objetivos estratégicos para el primer año:
- Lograr una facturación de 75 000 € en los primeros 12 meses.
- Alcanzar una base de 500 clientes recurrentes al finalizar el año.
- Reducir la huella de carbono un 20 % mediante envases biodegradables.
- Crear un equipo de 3 personas a jornada completa.

Conclusión del capítulo

La descripción del negocio es mucho más que un formulario legal o una biografía empresarial. Es el corazón narrativo del plan. Es donde explicas quién eres, qué te mueve y hacia dónde vas. Donde construyes identidad y confianza. Cuando un inversor, un socio, un proveedor o incluso un nuevo empleado leen este apartado, necesitan sentirse conectados, inspirados. Convencidos de que hay un propósito detrás del proyecto.

No lo dejes para el final ni lo redactes como una nota administrativa. Dedícale tiempo. Define tu historia. Escribe una visión inspiradora. Elige con claridad tu estructura legal. Y marca objetivos reales y ambiciosos.

En el próximo capítulo entraremos de lleno en una de las secciones más importantes del plan: el análisis de mercado y competencia.

ANÁLISIS DE MERCADO Y COMPETENCIA

Uno de los errores más comunes al desarrollar un plan de empresa es enamorarse tanto de la idea que se olvida validar el contexto: ¿hay mercado?, ¿qué tamaño tiene?, ¿qué competidores operan ya?, ¿cuáles son las amenazas reales?, ¿cuáles son las oportunidades?

El análisis de mercado y competencia responde a estas preguntas y ofrece una radiografía de la viabilidad externa del proyecto.

Se trata de estudiar tanto a los clientes como a los competidores, las tendencias globales del sector y los factores clave de éxito.

Un plan de empresa sin este capítulo es como un barco sin radar: puede tener buen motor, pero corre el riesgo de chocar con un iceberg.

Tamaño del mercado y tendencias

¿Qué es el tamaño de mercado?

El tamaño de mercado se refiere al volumen potencial de clientes o ventas que puede alcanzar un producto o servicio en una zona geográfica determinada.

Es la base para calcular los ingresos esperados, justificar inversiones o decidir si merece la pena entrar en un sector.

Tres niveles de mercado:

- *Mercado total disponible (TAM):* todo el mercado mundial o nacional que existe para tu producto o servicio.
  Ejemplo: todos los usuarios de *apps* de meditación en el mundo.
- *Mercado servido (SAM):* parte del TAM a la que puedes acceder con tus recursos actuales.
  Ejemplo: usuarios hispanohablantes de *apps* de meditación.
- *Mercado objetivo (SOM):* tu nicho realista, el trozo del SAM al que realmente puedes llegar a corto plazo.
  Ejemplo: mujeres de entre 35 y 50 años, residentes en España, que usan *apps* de bienestar y meditación.

Cómo calcular el tamaño del mercado

Puedes usar fuentes como:

- Estudios sectoriales (Statista, INE, Euromonitor, observatorios de tu sector).
- Encuestas propias.
- Datos de redes sociales y publicidad *online* (por ejemplo, alcance potencial en Facebook Ads).
- Plataformas de *e-commerce* y *marketplaces* (para saber cuántos vendedores o compradores hay).

Ejemplo en el plan: El mercado total de cosmética natural en Europa superó los 10 000 millones de euros en 2023.

En España, representa 1200 millones, con un crecimiento anual del 9%.

Nuestra propuesta se dirige a mujeres entre 30 y 55 años interesadas en productos ecológicos, un segmento estimado en 2 millones de personas en España.

Identifica tendencias clave

El análisis de tendencias te permite anticiparte a los cambios del mercado, adaptar tu oferta y posicionarte mejor. Pregúntate:

- ¿Qué nuevas necesidades surgen?
- ¿Qué innovaciones están transformando el sector?
- ¿Qué valores mueven al consumidor?
- ¿Qué cambios legislativos pueden afectarte?

> **Ejemplo de tendencias:**
> - Crecimiento del *e-commerce* en productos de nicho
> - Conciencia ecológica y demanda de ingredientes naturales
> - Avance de la inteligencia artificial en atención al cliente

Apóyate en fuentes de calidad y no confundas modas pasajeras con tendencias estructurales.

Análisis FODA (DAFO)

El análisis FODA (también conocido como DAFO) es una herramienta clásica pero muy eficaz.

Te permite analizar tanto los factores internos (fortalezas y debilidades) como los externos (oportunidades y amenazas).

Cómo construir un FODA efectivo

Organiza una tabla con cuatro cuadrantes:

Internos	Externos
Fortalezas	Oportunidades
Debilidades	Amenazas

- *Fortalezas:* ventajas internas que te diferencian positivamente.
- *Debilidades:* puntos vulnerables que debes mejorar o mitigar.
- *Oportunidades:* condiciones externas que podrías aprovechar.
- *Amenazas:* factores externos que podrían perjudicarte.

Ejemplo de análisis FODA para una *startup* de comida vegana a domicilio:

Fortalezas

- Equipo fundador con experiencia en hostelería.
- Recetas propias y diferenciadas.
- Tecnología de pedidos optimizada.

Debilidades

- Poco capital inicial.
- Falta de marca reconocida.
- Escasa logística en zonas rurales.

Oportunidades

- Creciente demanda de comida saludable.

- Tendencia al *delivery* postpandemia.
- Conciencia ambiental creciente.

Amenazas

- Competencia de grandes plataformas.
- Cambios normativos en reparto.
- Costes logísticos en aumento.

Usa el FODA para tomar decisiones

No te limites a rellenar una tabla. El análisis FODA debe dar pie a acciones concretas:

- ¿Cómo puedes reforzar tus fortalezas?
- ¿Qué puedes hacer para minimizar tus debilidades?
- ¿Qué acciones estratégicas aprovechan tus oportunidades?
- ¿Cómo puedes protegerte frente a las amenazas?

Competencia directa e indirecta

¿Por qué analizar a la competencia?

Muchas personas creen que su idea es única…, hasta que miran de cerca. Estudiar a la competencia no es una amenaza, sino una fuente de aprendizaje, inspiración y posicionamiento.

Debes analizar tanto la competencia directa como la indirecta:

- *Directa:* ofrecen un producto o servicio similar al tuyo, al mismo tipo de cliente.
- *Indirecta:* satisfacen la misma necesidad, pero con otro tipo de solución.

Qué estudiar de tus competidores

Elemento que analizar	Preguntas clave
Oferta	¿Qué productos o servicios ofrecen?
Precio	¿Cómo estructuran sus precios? ¿Ofrecen descuentos?
Canales	¿Dónde venden (*online*, físico, *marketplaces*)?
Comunicación y marca	¿Cómo se posicionan? ¿Qué valores comunican?
Atención al cliente	¿Qué dicen las reseñas? ¿Cómo responden a las quejas?
Tecnología y logística	¿Tienen *app* propia? ¿Cómo entregan? ¿Cuánto tardan?
Opinión del público	¿Qué dicen los usuarios en redes o foros?

Haz una tabla comparativa con los 3–5 principales competidores y analiza sus diferencias contigo.

Marca	Precio medio	Valor diferencial	Canal principal	Valoraciones
EcoSkin	25 €/ producto	Certificado ecológico	Web propia	4.7/5 (Trustpilot)
BellezaYA	19 €/ producto	Entrega en 24h	Amazon	4.2/5
GreenTouch	22 €/ producto	Producción local	Tiendas físicas	4.5/5
Mi marca	21 €/ producto	Sin plástico, suscripción	Web y RRSS	4.9/5

Aprende de sus errores

Una gran parte del valor del análisis competitivo está en ver qué hacen mal los demás. Busca brechas: carencias en atención, aspectos que enfadan a los clientes, productos sin cubrir, segmentos desatendidos...

Oportunidades de posicionamiento

Posicionarse no es solo tener un logo bonito, es también ocupar un lugar claro y diferenciado en la mente del cliente. Y eso se logra combinando:

- Una propuesta de valor clara.
- Una diferenciación real.
- Un mensaje coherente y repetido.

No necesitas ser el más barato, sino el más claro en lo que aportas.

Encuentra tu ventaja competitiva

Hazte estas preguntas:

- ¿Qué haces mejor que los demás?
- ¿Qué haces que otros no hacen?
- ¿Qué problema resuelves de forma diferente?
- ¿Qué valoras más tú que tus competidores?

Tu propuesta de valor debe estar centrada en el cliente y en responder a su necesidad principal.

- *Mala propuesta:* «Tenemos un producto innovado».
- *Buena propuesta:* «Somos la única marca que entrega cosmética natural personalizada en menos de 48 horas».

Estrategias posibles de posicionamiento

Estrategia	Ejemplo
Precio	«La opción más económica del mercado»
Calidad	«Ingredientes prémium, sin aditivos»
Rapidez	«Entrega en 24 horas garantizada»
Segmentación	«Solo para mujeres mayores de 40 años»
Experiencia de usuario	«El proceso de compra más sencillo del sector»
Impacto social/ ambiental	«Cada compra financia un árbol plantado»

Lo ideal es combinar varias, siempre que sean coherentes y creíbles.

Testea tu posicionamiento

Antes de lanzarte al mercado, valida tu propuesta:

- Pregunta a potenciales clientes.
- Haz encuestas con distintas versiones.
- Mide la reacción ante distintas presentaciones (*landing pages, posts*).

Conclusión del capítulo

El análisis de mercado y competencia no es solo un apartado formal, es una herramienta estratégica para:

- Calcular tu potencial de ingresos.
- Detectar tendencias para innovar.
- Encontrar debilidades propias o ajenas que puedas solucionar.
- Posicionarte de forma clara frente a la competencia.
- Convencer a socios e inversores de que hay oportunidad.

Dedícale tiempo. Investiga con método. No uses solo intuición. La intuición puede inspirar una idea, pero solo el conocimiento profundo del mercado puede convertirla en empresa sostenible.

En el próximo capítulo hablaremos del plan de *marketing* y podrás usar toda esta información para diseñar estrategias de captación, fidelización y crecimiento.

OFERTA: PRODUCTOS O SERVICIOS

Todo plan de empresa gira en torno a una idea central: qué vas a ofrecer al mercado.

Puede ser un producto tangible, un servicio intangible o una combinación de ambos.

Lo esencial es que tu oferta resuelva un problema o cubra una necesidad real del cliente.

Una buena idea mal ejecutada se queda en nada.

Pero una idea clara, bien presentada, con elementos diferenciales y sostenida por una estrategia de innovación, puede convertirse en una empresa rentable y sostenible.

En este capítulo abordaremos cuatro aspectos esenciales de tu oferta:

- Qué vendes exactamente y en qué fase del ciclo de vida se encuentra.
- Qué te hace diferente respecto a otras opciones.
- Cómo proteger tu propuesta mediante licencias, patentes o propiedad intelectual.
- Cómo planificar la evolución futura mediante la innovación.

Descripción y ciclo de vida

Qué debes explicar sobre tu oferta

El primer paso es definir con claridad qué vendes. Parece obvio, pero no lo es tanto: muchas personas explican su negocio con generalidades («Vendemos tecnología», «Ofrecemos asesoramiento», «Hacemos comida saludable»), sin especificar el producto o servicio en términos concretos. Tu plan debe incluir:

- Nombre del producto o servicio.
- Descripción funcional: ¿qué hace?
- Beneficios que aporta: ¿qué problema resuelve?
- Características técnicas, si aplica .
- Modelos, gamas, opciones o versiones.
- Relación con otros productos o servicios.

Ejemplo claro: «Ofrecemos suscripciones mensuales de *packs* de comida vegana *gourmet* para personas sin tiempo de cocinar. Cada *pack* incluye cinco platos principales congelados, listos para calentar, preparados por chefs, y con opción sin gluten. El servicio se entrega a domicilio todos los lunes».

El ciclo de vida del producto

Todo producto o servicio pasa por distintas etapas. Conocer en qué fase se encuentra tu oferta te ayudará a tomar mejores decisiones sobre precios, *marketing* o inversión.

Las cuatro fases del ciclo de vida del producto son:

1. *Introducción*. Lanzamiento inicial. Bajos ingresos, inversión alta en promoción. Necesita educación del cliente.

2. *Crecimiento.* Aumento de la demanda. Se estabilizan los costes. Comienzan a aparecer competidores.
3. *Madurez.* Mercado saturado. Lucha por cuotas de mercado. Bajos márgenes. Necesidad de innovar o diversificar.
4. *Declive.* Reducción sostenida de la demanda. Obsolescencia o cambio de hábitos. Decisión: eliminar, reinventar o reducir costes.

Ejemplo aplicado: un *software* de facturación en la nube puede estar en fase de madurez si hay muchos competidores. En cambio, una *app* de realidad aumentada para enseñar anatomía en colegios probablemente esté en introducción o crecimiento. Saber esto te permitirá adaptar tu estrategia en función del momento.

Elementos diferenciales

¿Por qué te van a elegir a ti? En un mercado competitivo, no basta con ofrecer «algo bueno», tienes que ofrecer algo diferente, relevante y deseable. Eso se llama propuesta de valor diferencial.
Las diferencias pueden estar en:

- *El producto en sí:* una fórmula exclusiva, un diseño único, un enfoque alternativo.
- *El servicio asociado:* rapidez, personalización, atención al cliente.
- *El modelo de negocio:* suscripción, *pay-per-use,* licencia, *freemium.*
- *La experiencia global del cliente:* facilidad de uso, emociones, imagen de marca.

Ejemplos:

- «Nuestra *app* de idiomas ofrece lecciones adaptadas al estado de ánimo del usuario mediante inteligencia artificial».
- «Somos la única empresa que repara bicicletas a domicilio con servicio en el mismo día».
- «Nuestra tienda ofrece moda infantil hecha a mano por madres artesanas locales».

El test de la diferencia

Para saber si realmente tienes algo diferencial, responde con honestidad:

- ¿Podría un competidor copiarlo fácilmente?
- ¿Es relevante para el cliente o solo para ti?
- ¿Lo percibe el cliente como valioso?
- ¿Se puede explicar en una frase sencilla?

Si no pasas este test, tienes que trabajar más tu oferta o enfocarte mejor.

Qué evita

- Diferencias triviales («Nuestro logo es más bonito»).
- Diferencias internas («Tenemos mejor contabilidad»).
- Diferencias invisibles («Nuestro proceso es más eficiente, pero el cliente no lo nota»).

La clave es la percepción del cliente.
Si no lo ve o no lo valora, no cuenta como ventaja.

Patentes, licencias o propiedad intelectual

¿Debo proteger mi idea?

Depende. No todas las ideas son patentables o protegibles, pero muchas sí pueden y deben protegerse. Esta protección sirve para:

* Evitar plagios o copias.
* Reforzar el valor de tu empresa (especialmente en *startups*).
* Crear activos intangibles que aumenten tu valoración.

Tipos de protección disponibles

Tipo de protección	Qué cubre	Dónde se registra
Patente	Invenciones técnicas, productos o procesos nuevos	OEPM (España), EPO (Europa)
Modelo de utilidad	Mejoras técnicas menores	OEPM
Marca	Nombre comercial, logotipo, identidad de marca	OEPM
Diseño industrial	Aspecto visual de un producto OEPM	OEPM / EUIPO
Derechos de autor	Obras creativas: *software*, libros, música	Registro de la Propiedad Intelectual
Secreto empresarial	Fórmulas, algoritmos, procesos no revelados	Protección privada (sin registro)

> **Ejemplo:** una *startup* que desarrolla un *software* de predicción
> de cosechas basado en IA puede:
> * Patentar el algoritmo, si es innovador.
> * Registrar la marca y el logo.
> * Proteger el código como derecho de autor.
> * Mantener parte del proceso como secreto industrial.

Consejos prácticos

* Consulta con un abogado especializado antes de registrar.
* Protege lo esencial, no todo.
* No compartas tu idea sin acuerdos de confidencialidad.
* Si tienes socios, deja claro quién es titular de qué.

Innovación y desarrollo futuro

No basta con tener una buena oferta hoy. Los mercados cambian, los hábitos evolucionan, la competencia se mueve. Una oferta que hoy parece única, puede volverse irrelevante en dos años si no innovas. La innovación no es solo inventar cosas nuevas, también es mejorar procesos, adaptarse mejor al cliente, cambiar la forma de entregar valor.

Tipos de innovación aplicables

Tipo de innovación	Ejemplo
De producto	Añadir nuevas funciones, lanzar una nueva gama
De servicio	Introducir seguimiento personalizado postventa

Tipo de innovación	Ejemplo
De modelo de negocio	Pasar de venta única a suscripción
De canal	Abrir canal directo al cliente en lugar de distribuidores
De procesos	Automatizar pedidos con inteligencia artificial

> **Ejemplo:** una empresa de tés artesanales empieza vendiendo *online*. Después desarrolla una *app* que recomienda mezclas personalizadas y lanza un modelo de suscripción mensual con asesoramiento.

Planifica la innovación

Tu plan de empresa debe incluir un esquema de desarrollo a medio plazo:

- ¿Qué nuevas versiones lanzarás?
- ¿Qué servicios podrías agregar?
- ¿Qué tecnologías podrías aplicar?
- ¿Qué alianzas permitirían acelerar?

Esto muestra a inversores o socios que no te quedarás estancado.

> **Ejemplo de plan de innovación a 3 años:**
> - Año 1: lanzamiento de producto base.
> - Año 2: desarrollo de app para personalización.
> - Año 3: ampliación con catálogo de infusiones funcionales y colaboración con nutricionistas.

Cultura innovadora

Fomentar la innovación no es cuestión de suerte, sino de crear un entorno propicio:

- Escucha al cliente de forma constante.
- Analiza datos reales de uso y ventas.
- Crea espacios para prototipar o testear.
- Premia las ideas internas, aunque no salgan adelante.

Conclusión del capítulo

Tu oferta es el corazón de tu empresa. Puedes tener una estrategia brillante, un plan financiero sólido y un equipo excepcional, pero si lo que ofreces no tiene valor, no resuelve un problema o no se percibe como diferente, el negocio no funcionará.

En este capítulo has aprendido:

- Cómo describir tu producto o servicio de forma clara y realista.
- Qué es el ciclo de vida y cómo adaptar tu estrategia según la etapa.
- Cómo construir una propuesta de valor diferencial que destaque.
- Cómo proteger legalmente tu idea y convertirla en un activo.
- Por qué la innovación no es opcional y cómo integrarla desde el principio.

La próxima parada de tu plan será trabajar tu estrategia de *marketing* y ventas, donde aprenderás a posicionar tu oferta, captar clientes y fidelizarlos.

PLAN DE *MARKETING* Y VENTAS

Llega el momento de salir al mercado. Da igual que tengas el producto perfecto o la tecnología más innovadora: si no sabes cómo captar, convencer y fidelizar a tus clientes, tu negocio no sobrevivirá. El plan de *marketing* y ventas es la hoja de ruta comercial que define cómo llegarás a tu público, qué mensaje transmitirás, por qué te elegirán y cómo lograrás que repitan y que te recomienden. En este capítulo abordaremos:

- Qué es una estrategia comercial y cómo definirla.
- Qué canales de venta y comunicación existen, y cómo elegirlos.
- Cómo fijar precios, crear promociones y generar fidelización.
- Cómo elaborar un plan de acción comercial concreto y viable.

Definición de estrategia comercial

La estrategia comercial responde a tres preguntas clave:

- ¿A quién quieres venderle?
- ¿Qué vas a ofrecer exactamente?
- ¿Cómo vas a lograr que te compren?

Esto implica:

- Definir tu segmento objetivo: no todo el mundo es tu cliente.
- Identificar tu propuesta de valor: qué ofreces que los demás no.
- Elegir un posicionamiento claro: precio, calidad, especialización, cercanía.
- Seleccionar canales de captación y conversión.

Ejemplo: una tienda de productos ecológicos puede optar por vender a un nicho prémium que valora el origen local y el respeto al medio ambiente. Su estrategia comercial será destacar esos valores y buscar canales afines: ferias de consumo consciente, redes sociales, colaboraciones con *influencers* ecológicos.

Tipos de estrategia según el mercado

Puedes optar por distintos enfoques, en función del tipo de negocio y mercado:

Estrategia	Ejemplo típico
Coste más bajo	Precios imbatibles, márgenes bajos (Lidl, Ryanair)
Diferenciación	Valor único que justifica precio (Apple, Patagonia)
Enfoque de nicho	Público reducido pero muy concreto (CrossFit, veganismo)

Estrategia	Ejemplo típico
Penetración rápida	Precios bajos de entrada para crecer (Spotify, Uber)
Skimming o desnatado	Precio alto inicial para *early adopters* (nuevas tecnologías)

Consejos prácticos

- Tu estrategia debe encajar con tu modelo de negocio y tus recursos.
- No pretendas competir en todo, elige dónde destacas.
- Sé coherente, no puedes prometer exclusividad y usar mensajes masivos genéricos.
- Revisa tu estrategia al menos una vez al año.

Canales de venta y comunicación

Canales de venta

Un canal de venta es el camino por el que tu oferta llega al cliente. Hay múltiples opciones. Elegir bien es clave para la rentabilidad. Principales canales de venta:

Canal	Ventajas	Desventajas
Venta directa (física)	Control total, contacto con cliente	Costes altos, limitado alcance
Venta *online* (propia)	Escalabilidad, control de márgenes	Requiere inversión y estrategia digital

Canal	Ventajas	Desventajas
Marketplace (Amazon, Etsy)	Acceso inmediato a clientes	Comisiones elevadas, menos control
Distribuidores o mayoristas	Expansión rápida, gestión compartida	Menor margen, dependencia de terceros
Afiliados o *partners*	Riesgo bajo, pago por resultados	Menor control del mensaje y experiencia
Venta por suscripción	Ingresos recurrentes, fidelización	Complejidad logística, alta exigencia de servicio

> **Ejemplo aplicado:** una editorial pequeña puede vender directamente en su web, tener presencia en Amazon y usar librerías como canal físico. Además, puede aliarse con colegios como canal indirecto.

Canales de comunicación

La comunicación es el puente entre lo que ofreces y lo que el cliente percibe. Puedes tener el mejor producto del mundo, pero si nadie lo conoce o entiende, no lo comprarán.

Canales *online* más comunes:

- Redes sociales: cercanía, *branding,* campañas segmentadas.
- *E-mail marketing:* fidelización, automatización.
- SEO y blog: atracción orgánica, autoridad.
- Publicidad *online* (SEM, redes): captación rápida.
- *Influencers* o embajadores: confianza y visibilidad.

Canales *offline:*

- Ferias, eventos, exposiciones
- Publicidad tradicional: prensa, radio, *flyers*
- Boca a boca y recomendación
- Patrocinios o colaboraciones locales

Consejo: no necesitas estar en todos. Elige 2 o 3 canales clave y domínalos. La dispersión te resta eficacia.

Precios, promociones y fidelización

Fijación de precios

El precio no es solo un número, es un mensaje. Comunica tu posicionamiento y afecta directamente a tu rentabilidad.
Métodos habituales de fijación de precios:

- *Basado en costes:* calcular costes + margen deseado.
- *Basado en competencia:* mirar precios del mercado y ajustar.
- *Basado en valor:* fijar precio según lo que el cliente percibe como justo.
- *Precio psicológico:* usar cifras atractivas (9,99 €, *packs,* escalas).
- *Dynamic pricing:* cambiar precios según demanda, *stock,* tiempo (hoteles, vuelos).

Ejemplo: un *software* puede tener una versión gratuita (modelo *freemium*), una versión estándar por 15 € / mes y una versión prémium por 49 € / mes, segmentando según el valor percibido.

Promociones eficaces

Las promociones deben tener un objetivo claro: captar, fidelizar o reactivar.

Algunas estrategias:

- Descuentos por lanzamiento.
- Ofertas *flash* o temporales.
- Prueba gratuita o muestra sin coste.
- 2 x 1 o *packs* promocionales.
- Descuentos por recomendación.
- Bonos por volumen o fidelidad.

Evita entrar en guerra de precios si tu modelo no lo soporta. Promocionar no es malvender.

Fidelización y recurrencia

Es mucho más rentable retener a un cliente que captar uno nuevo.

Las estrategias de fidelización incluyen:

- Programas de puntos o recompensas.
- Clubes VIP o comunidad cerrada.
- Atención personalizada postventa.
- Seguimiento con *newsletters* o contenido exclusivo.
- Encuestas de satisfacción y mejora continua.

Ejemplo: un centro de estética puede ofrecer un programa de puntos por cada visita, descuentos por cumpleaños y un regalo tras diez tratamientos.

Plan de acción comercial

¿Qué es un plan de acción?

El plan de acción comercial es un calendario detallado de actividades y recursos para poner en marcha tu estrategia. Sirve para coordinar, medir y ajustar tus esfuerzos comerciales. Debe responder a estas preguntas:

- ¿Qué acciones vas a realizar?
- ¿Cuándo se ejecutarán?
- ¿Quién será responsable?
- ¿Qué objetivos específicos persigues?
- ¿Qué indicadores usarás para medir el éxito?

Estructura típica de un plan comercial

Acción	Responsable	Fecha	Canal	Objetivo	Indicador
Campaña de lanzamiento	*Marketing*	01/10	Redes, *e-mail*	100 leads en 2 semanas	N° registros
Taller demostrativo	Comercial	05/10	Presencial	Cerrar 10 ventas	N° ventas
Promoción 2x1	*Marketing*	10/10	Tienda *online*	Incrementar *ticket* medio	*Ticket* medio
Seguimiento postventa	Atención	15/10	*E-mail* / llamada	Satisfacción >8	NPS o encuestas

KPI y métricas relevantes

No puedes mejorar lo que no mides. Algunas métricas clave:

- CAC (coste de adquisición por cliente).
- LTV (valor de vida del cliente).
- Tasa de conversión por canal.
- Tasa de abandono o cancelación.
- ROI de cada campaña.

Consejo: haz reuniones mensuales para revisar resultados y ajustar acciones.

Conclusión del capítulo

Tu plan de empresa necesita una estrategia comercial sólida, que no deje a la improvisación cómo vas a vender.
En este capítulo has aprendido:

- A definir tu estrategia: quién es tu cliente, qué ofreces y cómo te diferencias.
- A seleccionar los canales más eficaces para llegar a tu público.
- A poner precio, diseñar promociones y trabajar la fidelización.
- A construir un plan de acción comercial con objetivos claros y medibles.

El *marketing* no es solo publicidad, es una forma de construir relaciones rentables a largo plazo.

Vender es resolver problemas, generar confianza y entregar valor.

Ahora que sabes cómo llegar al mercado, en el próximo capítulo nos adentraremos en los aspectos operativos: cómo organizar tu negocio por dentro para poder cumplir lo que prometes por fuera.

ORGANIZACIÓN Y GESTIÓN

Un negocio no lo hace una idea, lo hacen las personas que la llevan a cabo. Puedes tener el mejor producto del mundo y una estrategia de *marketing* brillante, pero, sin una estructura organizativa bien definida y una gestión de talento coherente, tu empresa está condenada a la ineficiencia... o al caos.

Este capítulo explora cómo estructurar tu organización para que funcione hoy y sea escalable mañana.

Hablaremos de:

- Cómo definir la estructura organizativa adecuada para tu negocio.
- Qué perfiles clave necesitas y cómo reflejarlo en un organigrama.
- Cómo planificar la gestión de personas, talento y crecimiento del equipo.
- Qué aliados externos —asesores, mentores o socios clave— pueden marcar la diferencia.

Estructura organizativa

La estructura organizativa es el armazón que define cómo se divide, coordina y supervisa el trabajo dentro de una empresa. Es la manera en que se reparten funciones, jerarquías y flujos de comunicación.
Define:

- Las áreas funcionales (*marketing*, finanzas, operaciones…).
- La relación entre responsables y colaboradores.
- Los canales de toma de decisiones y control.

Una buena estructura organizativa mejora la eficiencia, evita duplicidades, aclara responsabilidades y facilita el crecimiento.

Tipos de estructuras organizativas

Tipo de estructura	Características	Ejemplo ideal
Funcional	Por áreas o departamentos	Empresas con funciones bien diferenciadas
Divisional	Por productos, regiones o clientes	Multinacionales, franquicias
Matricial	Doble jerarquía (por función y proyecto)	Consultoras, tecnológicas
Horizontal o plana	Pocos niveles jerárquicos, trabajo colaborativo	*Startups*, cooperativas
Red de equipos	Autónomos conectados por proyectos	*Freelancers*, empresas ágiles

Perfiles clave y organigrama

¿Quién debe estar en tu equipo?

No necesitas una gran plantilla para empezar, pero sí debes identificar los perfiles críticos que garantizarán el funcionamiento básico de tu empresa.
Áreas clave:

- Dirección general: liderazgo, estrategia, visión.
- Administración y finanzas: contabilidad, facturación, gestión económica.
- *Marketing* y ventas: captación, posicionamiento, comunicación.
- Operaciones o producción: desarrollo del producto o servicio.
- Atención al cliente / soporte: fidelización, resolución de incidencias.

¿Contratar o subcontratar?

Función	¿Contratar?	¿Subcontratar?	Recomendación
Finanzas	◯	✓	Asesoría externa o *freelance*
Marketing	●	✓	*In-house* básico + agencia
Desarrollo web	◯	✓	*Freelance* o proveedor
Atención al cliente	✓	◯	Interno si hay volumen constante
Dirección estratégica	✓	◯	Siempre interna

● Recomendado *in–house*　　✓ Recomendado externo　　◯ Depende

Cómo hacer tu organigrama

El organigrama es una representación visual de tu estructura. Aunque estés tú solo al inicio, es recomendable diseñarlo como si ya fueras una empresa en marcha.

Tipos de organigrama:

- *Vertical clásico:* jerarquías claras, líneas rectas.
- *Horizontal:* relaciones menos jerárquicas.
- *Circular:* el cliente en el centro y equipos a su alrededor.
- *Organigrama proyectado:* equipo actual y posiciones futuras.

Consejo: a medida que crezcas, revisa tu organigrama cada 6-12 meses y adáptalo. Un buen organigrama aclara funciones, evita conflictos y ayuda a delegar.

Plan de recursos humanos y gestión del talento

Un plan de RR. HH. no es solo una lista de sueldos, es una estrategia integral para atraer, desarrollar, motivar y retener al talento necesario para cumplir tu plan de empresa.
Elementos clave del plan de RR. HH.:

- Definición de puestos y funciones.
- Plan de contratación (cuándo, a quién y por qué).
- Presupuesto de personal (salarios, cotizaciones, incentivos).
- Formación y desarrollo de competencias.
- Sistemas de evaluación y *feedback.*
- Clima laboral, cultura y valores compartidos.

Fases del crecimiento del equipo

Etapa del negocio	Necesidades habituales
Lanzamiento	Fundadores multitarea, *freelance*, mentoría
Primero clientes	Soporte al cliente, ayuda administrativa
Escalado	*Marketing*, ventas, operaciones escalables
Consolidación	Gestión media, mandos intermedios
Diversificación	Especialistas, I+D, dirección por áreas

Ejemplo: una academia *online* puede comenzar con un fundador que graba contenidos y gestiona la web. Luego incorpora un *community manager freelance*, un asistente y, al crecer, un equipo de tutores.

Gestión del talento y cultura

Un equipo motivado no nace por casualidad, hay que cultivarlo:

- Define una cultura interna clara: valores, estilo de trabajo, reglas no escritas.
- Crea canales de comunicación horizontal.
- Fomenta la participación y autonomía.
- Aplica políticas de conciliación y bienestar realistas.
- Invierte en formación y escucha activa.

Las empresas más exitosas cuidan el talento como si fuera oro. Porque lo es.

Asesores, mentores o socios clave

¿Por qué buscar aliados externos?

Ningún emprendedor lo sabe todo. Rodearte de las personas adecuadas puede ahorrarte errores costosos, acelerar tu curva de aprendizaje y ayudarte a tomar decisiones con más perspectiva.

Tipos de apoyo externo

Perfil	¿Qué aporta?	Cuándo conviene
Asesor fiscal/laboral	Seguridad jurídica, cumplimiento	Desde el inicio
Mentor empresarial	Visión, experiencia, contactos	Al lanzar o pivotar

Perfil	¿Qué aporta?	Cuándo conviene
Consultor especializado	*Know-how* puntual (*marketing*, procesos, finanzas)	En proyectos clave
Abogado mercantil	Contratos, pactos, protección legal	En sociedad o inversión
Socios estratégicos	Recursos, tecnología, clientes	En crecimiento o expansión
Inversores	Capital y, a veces, consejo	En fases de financiación

> **Consejo:** formaliza siempre los acuerdos con asesores o socios por escrito. Claridad desde el principio evita conflictos futuros.

Cómo construir una red de apoyo

- Acude a eventos y asociaciones de tu sector.
- Participa en programas de incubación o aceleradoras.
- Sigue a referentes y ofrece valor antes de pedir.
- Haz *networking* de calidad, no solo de cantidad.
- Los mentores no se piden, se merecen. Sé alguien con quien dé gusto colaborar.

Conclusión del capítulo

Un buen plan de empresa no es solo estrategia y mercado, también es equipo, estructura y talento humano.

En este capítulo has aprendido a:

- Diseñar una estructura organizativa eficaz, adaptada a tu etapa y visión.
- Identificar los perfiles clave y crear un organigrama funcional y escalable.
- Elaborar un plan de RR. HH. que contemple contratación, formación, motivación y cultura.
- Rodearte de asesores, mentores y socios clave que te impulsen.

Recuerda: una empresa es tan buena como el equipo que la sostiene. Invierte tiempo en pensar cómo quieres organizarte, cómo quieres liderar y cómo quieres crecer.

PLAN DE OPERACIONES

Si el plan de *marketing* explica cómo atraer clientes y el plan financiero detalla cómo gestionar el dinero, el plan de operaciones responde a una pregunta esencial: ¿cómo vas a hacer funcionar el negocio cada día? Esta parte es el cómo de tu empresa: cómo vas a fabricar, servir, distribuir, mantener, medir y escalar tus operaciones para que lo prometido en tu propuesta de valor sea una realidad sólida. En este capítulo abordaremos:

- Cómo organizar la producción, logística y cadena de suministro.
- Qué instalaciones, recursos tecnológicos y procesos necesitas.
- Cómo establecer un calendario realista de puesta en marcha.
- Cómo medir el rendimiento operativo y controlar la calidad.

Producción, logística y cadena de suministro

¿Qué es la operación central de tu negocio?

Todo negocio tiene una máquina de generar valor. Puede ser una cocina (en un restaurante), una línea de montaje (en una fábrica), una red de *freelancers* (en una agencia) o incluso una sola persona con su ordenador (en una empresa digital).

Lo importante es definir qué actividades operativas transforman tus recursos en un producto o servicio para el cliente.

Producción

Si vendes productos físicos, debes detallar:

- *Fases del proceso productivo:* materias primas, fabricación, ensamblaje, empaquetado, etc.
- *Capacidad de producción:* unidades por hora, día, mes.
- *Medios de producción:* maquinaria, *software*, mano de obra, herramientas.
- *Costes asociados:* coste de producción por unidad, economías de escala.

Ejemplo: una marca de velas artesanales puede producir 200 unidades semanales con un horno de cera, moldes, etiquetas y empaquetado manual.

Logística

La logística incluye almacenamiento, distribución y entrega:

- ¿Dónde se almacenan los productos?
- ¿Cómo se gestionan los pedidos y el inventario?
- •Qué sistema de entrega se usa: propio, mensajería, *dropshipping?*
- •Cuál es el coste por pedido?
- ¿Qué plazos de entrega prometes?

Para negocios digitales, la logística puede ser el envío de accesos, documentación o atención al cliente.

Cadena de suministro

La cadena de suministro es el conjunto de proveedores y aliados que permiten operar:

- Proveedores clave (materias primas, *packaging*, servicios).
- Condiciones de compra (precio, forma de pago, tiempos de entrega).
- Plan B: proveedores alternativos en caso de fallo.

> **Consejo:** no dependas de un solo proveedor estratégico. La diversificación es una red de seguridad ante crisis.

Instalaciones, tecnología y procesos

Instalaciones físicas

- ¿Dónde operarás: oficina, nave, local comercial, *coworking*, en remoto?
- ¿Qué superficie necesitas y qué uso darás a cada zona?
- ¿Alquilas o compras? ¿Cuáles son los costes fijos asociados?
- ¿Cumples con los requisitos legales (licencias, accesibilidad, etc.)?

> **Ejemplo:** un taller mecánico necesitará una nave con espacio para coches, herramientas, área de espera y zona de oficina.

Recursos tecnológicos

Detalla los sistemas que darán soporte a tu operativa:

- *Hardware:* ordenadores, servidores, maquinaria digital.
- *Software:*
  - ERP (gestión empresarial).
  - CRM (gestión de clientes).
  - TPV o *e-commerce.*
  - *Software* de contabilidad o nóminas.
  - Automatización y herramientas de productividad.

Ejemplo: una tienda *online* puede usar Shopify + Holded + Metricool + Gmail + Slack para gestionar toda su operativa.

Procesos y procedimientos

Aquí defines los manuales internos, cómo se hace cada cosa:

- Recepción de pedidos.
- Gestión de *stock.*
- Atención postventa.
- Facturación y cobros.
- Reposición o devoluciones.
- Control de entregas y seguimiento.

Los procesos bien definidos reducen errores, aceleran la operación y permiten delegar sin perder calidad.

Calendario de puesta en marcha

El plan de operaciones debe incluir un cronograma detallado que indique:

- Qué tareas deben completarse antes de iniciar la actividad
- Cuáles son los hitos clave del arranque.
- Qué dependencias existen entre tareas (por ejemplo, no puedes abrir sin licencia).
- Qué recursos se necesitan en cada fase.

Ejemplo de calendario por fases

Fase	Tareas	Plazo estimado
1. Preparación legal y administrativa	Alta en Hacienda, Seguridad Social, apertura de cuenta, licencias, contratos	3 semanas
2. Adecuación del local	Obras, mobiliario, señalética, seguridad	4-6 semanas
3. Selección de proveedores	Comparar ofertas, firmar acuerdos, recibir material	2 semanas
4. Implementación tecnológica	Web, *software* de gestión, TPV, *e-mail*	3 semanas
5. Reclutamiento y formación	Buscar, contratar y entrenar equipo inicial	4 semanas
6. Lanzamiento y operaciones iniciales	Campaña de apertura, primeras ventas, ajustes	2 semanas

KPI operativos y control de calidad

¿Qué son los KPI operativos?

Los indicadores clave de rendimiento (*Key Performance Indicators*) te permiten medir si tus operaciones están funcionando como deberían.

Son esenciales para tomar decisiones, detectar errores y mejorar. Ejemplos de KPI por área:

Área	KPI operativo sugerido
Producción	Unidades producidas / hora
Logística	Tiempo medio de entrega
Almacén	Rotación de inventario
Calidad	Tasa de devoluciones
Atención cliente	Tiempo medio de respuesta
Costes	Coste por unidad producida
Satisfacción	NPS (*Net Promoter Score*)

Control de calidad

No basta con hacer, hay que hacer bien. El control de calidad garantiza que:

- El producto/servicio cumple los estándares definidos.
- Se minimizan errores, fallos y quejas.
- Se mejora continuamente a partir del *feedback*.

Herramientas de control de calidad:

- Listas de comprobación.
- Pruebas internas y test de usuario.
- Auditorías periódicas.
- Sistema de *tickets* o incidencias.
- Encuestas a clientes.

> **Ejemplo:** una empresa de formación *online* puede establecer una revisión mensual de sus contenidos, registrar errores detectados por usuarios y tener un responsable de QA (*Quality Assurance*).

Mejora continua

Una empresa operativa no es estática, siempre hay margen de mejora.
Implanta una cultura de revisión y ajuste basada en estos principios:

- PDCA (*Plan-Do-Check-Act*): planificación, ejecución, evaluación, corrección.
- *Lean Management:* elimina despilfarros, mejora procesos, enfócate en el valor.
- *Kaizen:* mejora continua a través de pequeños cambios incrementales.

Conclusión del capítulo

El plan de operaciones transforma tu idea en acción. Define cómo funciona tu empresa por dentro y permite que lo que sueñas sea replicable, medible y escalable.

En este capítulo has aprendido a:

- Diseñar la cadena operativa desde la producción hasta la entrega.
- Detallar recursos físicos, tecnológicos y procesos clave.
- Planificar un calendario de puesta en marcha realista.
- Medir, controlar y mejorar tu operativa a través de KPI y control de calidad.

Sin operaciones sólidas no hay negocio que aguante.

Dedica el tiempo necesario a diseñar tu motor interno para que tu empresa funcione incluso cuando tú no estés en cada detalle.

ANÁLISIS DE RIESGOS Y CONTINGENCIAS

Uno de los errores más graves que puede cometer un emprendedor es subestimar los riesgos.

Crear un negocio no es solo tener una buena idea y ejecutarla, es prepararse para lo que puede salir mal.

Porque, inevitablemente, algo saldrá mal.

Y cuanto mejor anticipado esté, mejor será la reacción.

El análisis de riesgos y contingencias tiene un papel clave en cualquier plan de empresa sólido.

No se trata de ser pesimista, sino de ser estratégico.

El objetivo es reducir la incertidumbre, prepararte ante lo imprevisible y mostrar a terceros (inversores, socios, entidades públicas) que tienes una visión realista y un plan para hacer frente a los obstáculos.

En este capítulo desarrollamos:

- Los principales tipos de riesgo que afectan a un negocio.
- Cómo mitigarlos o reducir su impacto.
- Cómo diseñar planes de contingencia.

Riesgos financieros, legales, de mercado y operativos

Un análisis de riesgos empieza por identificarlos y clasificarlos. Aunque cada empresa tiene sus particularidades, existen cuatro grandes categorías que se repiten en casi todos los sectores: financieros, legales, de mercado y operativos.

Riesgos financieros

Estos riesgos tienen que ver con la disponibilidad de recursos económicos y la viabilidad del modelo de ingresos.
Algunos ejemplos comunes:

- *Falta de liquidez:* no tener suficiente caja para afrontar pagos.
- *Retrasos en cobros:* clientes que pagan fuera de plazo.
- *Márgenes demasiado bajos:* costes operativos que se comen los beneficios.
- *Dependencia de un único cliente:* si desaparece, la empresa colapsa.
- *Endeudamiento excesivo:* préstamos que se vuelven impagables.
- *Variabilidad en costes* de materias primas o energía.

Ejemplo: un bar con muchos clientes puede cerrar si sus pagos mensuales superan su caja disponible. El riesgo financiero no es solo vender poco, sino gestionar mal el flujo de efectivo.

Riesgos legales y regulatorios

Estos riesgos surgen del marco normativo que rige tu actividad. Su incumplimiento puede implicar multas, cierre del negocio o problemas reputacionales.

- Cambios en legislación fiscal, laboral o sectorial.
- Incumplimiento de normativas sanitarias, medioambientales o de seguridad.
- Uso inadecuado de datos personales (protección de datos).
- Problemas con licencias, registros o permisos.
- Conflictos contractuales con socios o clientes.

Ejemplo: una *startup* tecnológica que almacena datos sin cumplir la RGPD puede enfrentarse a sanciones de hasta 20 millones de euros o el 4 % de su facturación.

Riesgos de mercado

Estos riesgos afectan a la capacidad del negocio para atraer y mantener clientes en un entorno cambiante.

- Cambios en la demanda o en los gustos del consumidor.
- Entrada de competidores más fuertes.
- Reducción del poder adquisitivo del público objetivo.
- Saturación del mercado o ciclos económicos negativos.
- Dependencia excesiva de un canal de venta (por ejemplo, Amazon).

Ejemplo: un negocio basado en la venta de productos sostenibles puede ver su mercado reducido si sus precios no compiten bien en tiempos de crisis económica.

Riesgos operativos

Se refieren al funcionamiento diario del negocio y sus procesos internos.

- Errores humanos o mala gestión del equipo.
- Problemas tecnológicos o ciberataques.
- Fallos en la producción o interrupciones en la cadena de suministro.
- Incapacidad de escalar el modelo cuando hay crecimiento.
- Fallos en la atención al cliente o pérdidas de reputación.

Ejemplo: un *e-commerce* que no tenga sistema de copias de seguridad puede perder todos sus datos tras un fallo técnico o ataque.

Cómo mitigarlos

La gestión del riesgo no busca eliminarlo (algo imposible), sino reducir su probabilidad o su impacto.

Las estrategias más habituales para mitigar riesgos incluyen:

a) Identificación y evaluación

Primero, haz un inventario de posibles riesgos. Una herramienta muy útil es la matriz de riesgos, que los clasifica según:
- Probabilidad de ocurrencia (alta, media, baja).
- Impacto sobre el negocio (alto, medio, bajo).

Consejo: céntrate primero en los riesgos con alta probabilidad y alto impacto. Son tus *focos rojos*.

b) Diversificación

Aplica la lógica del refrán y no pongas todos los huevos en la misma cesta:
- Diversifica proveedores.
- Trabaja con más de un canal de venta.
- Crea varias líneas de productos.
- Reduce la dependencia de clientes únicos.

Ejemplo: un proveedor de servicios digitales puede ofrecer tanto formación como consultoría para compensar bajadas en la demanda de quno u otro.

c) Prevención

Implanta sistemas preventivos y controles internos:
- Protocolos de control de calidad.
- Revisiones legales periódicas.
- Formación continua para el equipo.
- Sistemas de gestión documental.
- Auditorías internas.

Ejemplo: Un centro de estética puede implantar listas de comprobación para asegurar limpieza, *stock,* higiene y cumplimiento de las normas.

d) Contratación de seguros

Muchas contingencias se pueden cubrir con pólizas específicas:
- Seguro de responsabilidad civil.
- Seguro multirriesgo para instalaciones.
- Seguro de impago de clientes.
- Seguro de salud para empleados clave.
- Ciberseguros.

e) Redundancias y *backups*

Especialmente en negocios digitales o dependientes de tecnología:

- Copias de seguridad periódicas.
- Servidores de respaldo.
- Planes de recuperación ante desastres informáticos.
- Contratos con proveedores alternativos.

f) Contratación y formación

El equipo humano también es parte de la mitigación:

- Ficha perfiles cualificados para funciones críticas.
- Documenta procesos para que sean replicables.
- Forma continuamente en seguridad, herramientas y atención al cliente.
- Diseña protocolos para bajas, sustituciones o rotaciones.

Planes de contingencia

Un plan de contingencia es un conjunto de acciones prediseñadas para responder ante un evento negativo.

Su objetivo no es evitar que ocurra un problema (eso lo hace la mitigación), sino saber cómo actuar cuando el problema ocurre.

¿Qué debe tener un plan de contingencia?

- *Identificación del evento crítico:* define qué situación se considera una crisis.
- *Procedimiento de actuación:* pasos que seguir inmediatamente.
- *Responsables y funciones:* quién hace qué.
- *Recursos necesarios:* contactos, herramientas, contraseñas, pólizas, listas de verificación.
- *Plan de comunicación interna y externa:* cómo informar a empleados, clientes y proveedores.
- *Revisión posterior:* análisis de lo ocurrido y lecciones aprendidas.

Ejemplo 1: Cierre temporal del local
Situación: daños por inundación.
- Avisar a los empleados y al seguro.
- Activar canal alternativo de atención al cliente (teléfono/RRSS).
- Redirigir pedidos a una tienda *online* o colaborador externo.
- Informar a proveedores del retraso.
- Buscar espacio temporal alternativo si es posible.

Ejemplo 2: Ciberataque
Situación: hackeo del sistema y pérdida de acceso al *e-commerce*.
- Notificar a equipo técnico y proveedor de *hosting*.
- Cambiar todas las contraseñas.
- Usar copia de seguridad más reciente.
- Avisar a los clientes y activar protocolo RGPD (en caso de filtración).
- Restaurar sistemas y revisar vulnerabilidades.

¿Cuándo crear planes de contingencia?

No esperes a estar en medio del problema. Los planes deben prepararse cuando estés tranquilo.
Las áreas más sensibles que conviene cubrir:

- Problemas legales o regulatorios.
- Fallos tecnológicos.
- Siniestros físicos (incendio, robo, inundación).
- Problemas de reputación o RRSS.
- Rotura de stock o cierre de proveedores.
- Enfermedad de persona clave.
- Caída de ingresos o ventas.

Ensayo de planes de contingencia

Una buena práctica es ensayar ciertos planes. Esto mejora la agilidad de respuesta real:

- Simulacros de caída de servidores.
- Ejercicios de respuesta en redes sociales ante una crisis reputacional.
- Pruebas de recuperación de *backups.*
- Roles rotativos ante baja de personas clave.

Conclusión del capítulo

El análisis de riesgos y contingencias no es un lujo, es una obligación estratégica. Toda empresa, por pequeña que sea, opera en un entorno incierto. Cuanto más preparado estés, menos probable será que una crisis te paralice.

En este capítulo hemos aprendido a:

- Identificar y clasificar los riesgos más habituales.
- Mitigar cada tipo con acciones preventivas y estratégicas.
- Diseñar planes de contingencia ante eventos críticos.
- Preparar a tu equipo y tu estructura para responder con rapidez y orden.

Un buen empresario no es quien nunca tiene problemas, sino quien sabe cómo reaccionar cuando llegan.

PROYECCIONES FINANCIERAS

Uno de los pilares más importantes de cualquier plan de empresa es el bloque financiero. Aquí es donde se pasa de la teoría a los números, de las ideas al Excel. Las proyecciones financieras no son solo un requisito para inversores o bancos, sino una herramienta indispensable para que el emprendedor tome decisiones informadas, controle el avance del negocio y anticipe necesidades futuras. Este capítulo tiene como objetivo ayudarte a construir unas proyecciones financieras realistas, coherentes con el resto del plan y útiles tanto para ti como para posibles terceros interesados.

Balance proyectado

¿Qué es el balance proyectado?

El balance proyectado (también llamado balance previsional) es una fotografía estimada de la situación patrimonial de tu empresa en un momento futuro. Incluye:

- *Activo:* lo que tienes (dinero, bienes, cuentas por cobrar).
- *Pasivo:* lo que debes (deudas, obligaciones).
- *Patrimonio neto:* lo que te pertenece realmente (aportaciones + beneficios no distribuidos).

Se suele proyectar a 1, 3 y 5 años, aunque para la mayoría de planes de empresa es suficiente con 3 años.

Estructura básica del balance

Activo	Pasivo y patrimonio neto
Activo no corriente (inmovilizado, maquinaria)	Pasivo no corriente (Préstamos a largo plazo)
Activo corriente (caja, cuentas, *stock*)	Pasivo corriente (proveedores, deudas corto)
	Patrimonio neto

Consejos para proyectarlo

- *Sé conservador:* mejor quedarse corto en los ingresos que sobreestimarlos.
- *Coordina con el plan de inversiones:* si compras maquinaria, debe reflejarse en el activo.
- *Cuida la coherencia:* por ejemplo, si dices que necesitas 100 000 € para arrancar, el pasivo y el patrimonio deben reflejar esa financiación.
- *Actualiza anualmente:* tu balance proyectado no es una predicción mágica, sino una guía flexible.

Cuenta de resultados

¿Qué es la cuenta de resultados?

También conocida como cuenta de pérdidas y ganancias, muestra cómo evoluciona tu rentabilidad en un periodo (normalmente por meses y años).
Es fundamental para saber:

* Si vas a tener beneficios o pérdidas.
* Cuándo esperas alcanzar el punto de equilibrio.
* Qué partidas son las más relevantes en ingresos y costes.

Estructura típica de la cuenta de resultados

Concepto	Ejemplo (año 1)
Ingresos por ventas	120 000 €
− Coste de ventas (COGS)	40 000 €
= Margen bruto	80 000 €
− Gastos operativos	60 000 €
− Amortizaciones y depreciación	5000 €
− Gastos financieros	2000 €
= Resultado antes de impuestos	13 000 €
− Impuestos	3900 €
= Beneficio neto	9100 €

Cómo proyectarla

- *Proyecta los ingresos:* ¿cuántos productos venderás? ¿a qué precio?
- *Calcula el coste de cada venta:* materias primas, comisiones, gastos variables.
- *Incluye todos los gastos fijos:* alquiler, sueldos, servicios, etc.
- *No olvides amortizar:* si compras activos, distribuye su coste a lo largo de su vida útil.
- *Incluye impuestos:* en España, por ejemplo, un 25 % de impuesto de sociedades.

Flujo de caja (*cash flow*)

Es la evolución del dinero disponible en caja o cuenta corriente. A diferencia de la cuenta de resultados, el flujo de caja no mide beneficios contables, sino la realidad de si vas a tener dinero para pagar tus obligaciones. Muchos negocios cierran no por falta de rentabilidad, sino por problemas de liquidez. Por eso, el *cash flow* es más importante que el beneficio, sobre todo en las fases iniciales.

Tipos de flujo de caja

- *Operativo:* dinero que entra por la actividad principal (ventas) y que sale por costes operativos.
- *De inversión:* compra o venta de activos fijos (equipos, maquinaria).
- *De financiación:* entradas por préstamos, aportaciones o salidas por pago de deudas.

Cómo calcularlo

- Estima cobros y pagos reales mes a mes.
- Considera el desfase entre venta y cobro (por ejemplo, si vendes en enero pero cobras en marzo).
- Incluye IVA y otros impuestos que afectan al flujo real de caja.
- Incluye gastos que no figuran en la cuenta de resultados, como la devolución de préstamos o dividendos.

Herramienta útil

Mes	Ingresos	Gastos	Saldo mensual	Saldo acumulado
Enero	5000 €	7000 €	−2000 €	−2000 €
Febrero	6000 €	6000 €	0 €	−2000 €
Marzo	9000 €	5000 €	+4000 €	+2000 €

Consejo: mantén siempre al menos tres meses de gastos en caja como colchón operativo.

Punto de equilibrio y retorno de inversión

¿Qué es el punto de equilibrio?

Es el momento en el que tus ingresos cubren exactamente tus costes. A partir de ahí, todo lo que ingresas es beneficio.

Se calcula así:

> *punto de equilibrio (€) = costes fijos / margen de contribución*

Dónde:

- Costes fijos: alquiler, sueldos, servicios, etc.
- Margen de contribución: ingreso por unidad – coste variable por unidad.

> **Ejemplo:** si vendes camisetas a 20 € y su coste variable es 10 €, el margen es 10 €. Si tus costes fijos mensuales son 2000 €, necesitas vender 200 camisetas para alcanzar el punto de equilibrio.

¿Qué es el retorno de la inversión (ROI)?

El retorno sobre la inversión (*Return on Investment*) mide cuánto ganas en relación con lo que has invertido.

ROI (%) = (beneficio neto / inversión inicial) × 100

> **Ejemplo:** si invertiste 50 000 € y al cabo de un año has obtenido 15 000 € de beneficio neto, tu ROI es 30 %.

El ROI es útil para:

- Comparar distintas oportunidades de negocio.
- Saber si el esfuerzo inicial merece la pena.
- Convencer a inversores con datos concretos.

Supuestos financieros y escenarios

¿Qué son los supuestos financieros?

Todo plan financiero se basa en suposiciones: número de ventas, precio medio, tipo de cambio, evolución del mercado...

Lo importante es que los supuestos estén justificados y sean coherentes con la investigación previa.

> **Ejemplo:** suponemos una tasa de conversión del 3 % en la tienda *online,* basada en *benchmarks* del sector e histórico en campañas similares.

Escenarios: base, optimista y pesimista

Es recomendable proyectar tres escenarios diferentes:

- Escenario base (realista): el más probable.
- Escenario optimista: mayores ventas, menores costes, crecimiento acelerado.
- Escenario pesimista: menor volumen, imprevistos, retrasos o sobrecostes.

Esto te permite prepararte ante distintas situaciones y mostrar profesionalidad a terceros.

Herramienta para escenarios

Concepto	Base	Optimista	Pesimista
Ingresos anuales	100 000 €	140 000 €	70 000 €
Gastos anuales	85 000 €	95 000 €	80 000 €
Beneficio neto	15 000 €	45 000 €	−10 000 €
Cash flow final	5 000 €	30 000 €	−15 000 €
Punto de equilibrio	80 000 €	75 000 €	85 000 €

Sensibilidad financiera

Puedes además calcular qué impacto tiene cambiar una sola variable:

- ¿Qué pasa si el coste del proveedor sube un 10 %?
- ¿Y si el tipo de cambio baja un 5 %?
- ¿Y si el *ticket* medio es menor del esperado?

Esta sensibilidad permite priorizar los riesgos reales y ajustar tus estrategias.

Conclusión del capítulo

El bloque financiero de tu plan de empresa es más que números, es una simulación de tu futuro, una brújula que te guía y una herramienta de comunicación con inversores, bancos y socios.

En este capítulo has aprendido:

- Cómo proyectar el balance, la cuenta de resultados y el flujo de caja.
- Qué significa y cómo se calcula el punto de equilibrio y el ROI.
- Cómo estructurar escenarios y supuestos para tener un plan robusto.

Consejo final: usa herramientas como Excel, Google Sheets o *software* de gestión como Eportal, Holded o QuickBooks, pero no te limites a introducir cifras. Entiende lo que significan. Tu negocio lo vas a vivir cada día. Que tus números estén a la altura.

NECESIDADES DE FINANCIACIÓN

Cuando llega el momento de convertir un plan de empresa en una realidad tangible, aparece uno de los grandes retos para cualquier emprendedor: cómo conseguir el dinero necesario para arrancar o escalar un negocio.

La financiación es el combustible que permite poner en marcha las operaciones, contratar personal, desarrollar productos o ejecutar campañas de *marketing*.

Este capítulo aborda en profundidad las necesidades financieras de un proyecto, las fuentes más habituales de financiación, cómo presentar el plan a inversores o entidades bancarias y cómo valorar tu negocio para negociar con éxito.

No basta con pedir dinero, hay que saber cuánto, por qué, cómo lo devolverás y qué ofreces a cambio.

Cuánto necesitas y para qué

Antes de buscar financiación, hay que hacer los deberes: definir de forma clara cuánto dinero necesitas, en qué lo vas a usar y durante cuánto tiempo lo necesitarás.

¿Cuánto necesitas?

El cálculo debe ser realista, detallado y coherente con el resto del plan.

No se trata solo de sumar costes, sino de prever también:

- *Inversión inicial:* mobiliario, equipos, *software,* página web, acondicionamiento del local...
- *Capital circulante:* lo necesario para cubrir gastos corrientes mientras el negocio genera ingresos (sueldos, alquiler, suministros).
- *Colchón de seguridad:* fondo para imprevistos o retrasos en los cobros.
- *Repagos de deuda previa* (si aplica).

Ejemplo práctico: si tu negocio necesita una inversión inicial de 40 000 €, prevés 6 meses de gastos mensuales de 4000 € y quieres un colchón del 20 %, necesitarás:

40 000 € + (6 × 4000 €) + 20 % = 68 800 €

¿Para qué necesitas el dinero?

Los inversores o prestamistas necesitan saber en qué se va a emplear exactamente cada euro.

Cuanto más desglosado, mejor.

Esto transmite profesionalidad, seguridad y control del proyecto.

Concepto	Importe (€)
Reformas y mobiliario	10 000 €
Equipos tecnológicos	8 000 €
Desarrollo web y *branding*	5000 €
Capital circulante (6 meses)	24 000 €
Marketing y lanzamiento	8 000 €
Colchón para imprevistos	6 000 €
TOTAL	61 000 €

Alternativas de financiación: préstamos, socios, *crowdfunding*

Una vez sabes cuánto necesitas, toca decidir cómo conseguir ese dinero. Existen distintas fuentes, con sus pros y contras.

Aportaciones propias

Usar ahorros personales o reinvertir beneficios de otra actividad es la forma más directa de financiar tu proyecto.

Ventajas:

- No dependes de nadie.
- No cedes participación ni pagas intereses.

Inconvenientes:

- Riesgo personal alto.
- Limitación de recursos.

Ideal como base para combinar con otras fuentes.

Préstamos bancarios

Clásica financiación externa. Pides dinero a cambio de pagarlo en cuotas con intereses.

Ventajas:

- Mantienes el 100 % de la propiedad.
- Hay claridad en las condiciones.

Inconvenientes:

- Es de difícil acceso si no tienes garantías.
- Los costes financieros que supone (intereses, comisiones).
- La burocracia es rigurosa.

Consejos:
- Presenta un plan claro y profesional.
- Aporta avales personales o garantías reales.
- Compara varias entidades.

Préstamos participativos

Instrumento *semiequity* que combina deuda e inversión. El prestamista cobra un interés variable ligado a tus resultados.

Ventajas:

- No se exige garantía.
- Mejora la imagen del balance.

Inconvenientes:

- Puede tener un coste elevado si tienes éxito.
- Exige reportes continuos.

Muy usados por aceleradoras o entidades públicas, como ENISA en España.

Inversores privados *(business angels)*

Inversores particulares que aportan capital y a veces conocimiento o contactos. Ideal si buscas más que dinero: experiencia, consejo o visibilidad.

Ventajas:

- Aporte económico y mentoría.
- Posible acceso a red de inversores.

Inconvenientes:

- Cedes parte de tu empresa.
- Debes estar dispuesto a compartir decisiones.

Capital riesgo (*venture capital*)

Fondos que invierten grandes cantidades en *startups* con alto potencial de crecimiento.

Ventajas:

- Hay gran capacidad financiera.
- El acompañamiento es profesional.

Inconvenientes:

- Hay una exigencia alta de retorno.
- Se produce pérdida de control parcial o total.

No es para todos los negocios, suelen buscar escalabilidad y retorno x10 en pocos años.

Crowdfunding

Financiación colectiva a través de plataformas digitales. Tipos:

- Recompensa (Kickstarter, Verkami): vendes tu producto por adelantado.
- *Equity* (Crowdcube): vendes participación.
- Préstamo (Lending Club): pides financiación a devolver.

Ventajas:

- Es necesario publicidad y validación del mercado.
- No hay intermediarios.

Inconvenientes:

- El trabajo de campaña es mucho.
- Hay una comisión de la plataforma.
- Se produce un riesgo reputacional si fracasas.

Subvenciones y ayudas públicas

Fondos no reembolsables o créditos bonificados para sectores específicos, innovación, digitalización, emprendimiento joven o femenino, zonas rurales, etc.

Ventajas:

- No diluyen ni generan deuda (si son a fondo perdido).
- Complemento ideal para otras vías.

Inconvenientes:

- La tramitación es compleja y burocrática.
- Necesitas invertir antes de recibir.

> **Consejo:** consulta bases de datos como red.es, ENISA, CDTI o tu cámara de comercio.

Cómo presentar tu plan a inversores o bancos

No basta con tener un buen plan, debes saber cómo comunicarlo para generar confianza y conseguir apoyo financiero.

Adapta el mensaje al interlocutor

- *Banco:* se centra en solvencia, capacidad de devolución y garantías.
- *Inversor:* quiere crecimiento, rentabilidad y potencial de salida.
- *Subvención:* busca alineación con objetivos públicos.

No uses el mismo dosier para todos, personaliza tu presentación.

Prepara un dosier financiero profesional

Presenta tablas claras, gráficas y un documento limpio y bien maquetado. Debe incluir:

- Resumen ejecutivo claro.
- Estado financiero inicial.
- Proyecciones a 3–5 años.
- Detalle de necesidades y uso de fondos.
- Análisis de riesgos.
- Escenarios alternativos.

Usa un *pitch* atractivo

Si tienes una reunión o presentación ante inversores:

- *Empieza fuerte:* con un dato o problema clave.
- *Cuenta una historia:* el origen de tu idea, tu motivación.
- *Muestra tracción:* clientes, validación, primeras ventas.
- *Explica el modelo de negocio:* cómo ganas dinero.
- *Detalla la financiación:* cuánto pides y para qué.

Dura entre 7 y 10 minutos. Ensaya. Grábate. Mejora.

Sé transparente

No maquilles los números. Es mejor decir «Aún no facturamos, pero tenemos 2000 interesados» que exagerar datos o hacer proyecciones irreales. El exceso de optimismo genera desconfianza.

Valoración del negocio y estructura del capital

Cuando busques inversión externa, deberás negociar partiendo de una valoración, es decir, cuánto vale tu empresa hoy (aunque aún no genere ingresos). Esa valoración determina qué porcentaje deberás ceder a cambio del dinero que recibes.

Cómo calcular la valoración

- *Valoración por múltiplos:* comparar con otras empresas similares ya valoradas.
- *Flujo de caja descontado (DCF):* calcula el valor actual de

los beneficios futuros.

- *Valoración por tracción:* número de usuarios, tasa de crecimiento, acuerdos cerrados.
- *Método* Berkus: usa factores cualitativos como equipo, producto, mercado y tecnología.

Ejemplo: si valoras tu *startup* en 400 000 € y pides 100 000 €, estás ofreciendo un 25 % del capital.

Consejos para definir tu valoración

- No pidas demasiado ni te infravalores.
- Justifica tu cifra con datos y comparables.
- Considera fases: puedes hacer rondas progresivas.

Consejo: consulta con asesores o utiliza plataformas como Equidam o Valuation.app.

Estructura del capital

Al entrar inversores o socios, cambia la propiedad. Es fundamental definir:

- *Cap table (capitalization table):* tabla que muestra quién tiene qué porcentaje.
- *Derechos de voto:* ¿cada acción vale lo mismo?
- *Vesting:* cláusula para que los fundadores mantengan sus acciones solo si siguen implicados.
- *Cláusulas de arrastre y acompañamiento:* para ventas futuras de participaciones.

Ejemplo de *cap table* simplificado

Socio	Inversión (€)	Participación (%)
Fundador A	0 €	50 %
Fundador B	0 €	30 %
Inversor inicial	100 000 €	20 %
TOTAL	100 000 €	100 %

Consejo: protege la motivación de los fundadores. No cedas demasiado al inicio.

Conclusión del capítulo

Financiar un negocio no es solo cuestión de buscar dinero, es una tarea estratégica que define el futuro de tu empresa.
En este capítulo has aprendido:

- Cómo calcular con precisión cuánto necesitas y por qué.
- Qué alternativas tienes para conseguirlo, desde tu bolsillo hasta el capital riesgo.
- Cómo presentar tu plan con claridad y profesionalidad.
- Cómo valorar tu empresa y negociar con inteligencia.

Recuerda: el dinero no es el objetivo, sino el medio. Elegir mal su origen o no saber justificarlo puede convertirse en el primer obstáculo serio en tu camino emprendedor. Planifica, justifica, presenta y negocia. Así se financian los negocios sólidos.

ANEXOS Y DOCUMENTACIÓN COMPLEMENTARIA

El plan de empresa no es solo un documento narrativo, también es una propuesta seria y técnica que debe ir acompañada de evidencias, recursos y materiales de apoyo que respalden los datos y argumentos presentados. En este sentido, los anexos y la documentación complementaria constituyen una parte crucial para dotar de solidez y credibilidad a todo el documento.

Este capítulo explora qué tipos de anexos son útiles, cómo presentarlos de manera ordenada y profesional, y qué recursos puedes incluir para reforzar tu propuesta ante entidades, inversores, socios o incluso para tu propia gestión interna.

Currículums clave

¿Por qué incluir los CV del equipo?

El equipo humano es uno de los activos más valorados por los inversores y financiadores. Puedes tener una gran idea, pero si no cuentas con las personas adecuadas para ejecutarla, el proyecto será percibido como débil. Por ello, incluir los currículums de los miembros clave del equipo aporta transparencia, profesionalidad y confianza.

¿Qué debe incluir un CV profesional en este contexto?

Aunque no es necesario presentar un currículum extenso, sí debe recoger los siguientes elementos de manera clara y concisa:

- Nombre y datos de contacto.
- Formación académica relevante.
- Experiencia profesional destacada, especialmente la relacionada con el sector.
- Logros o reconocimientos concretos.
- Idiomas y habilidades técnicas aplicables al negocio.
- Motivación o rol dentro del proyecto.

Recomendaciones de presentación

- Limita cada CV a una página si es posible.
- Usa un diseño homogéneo (misma tipografía, colores, estructura).
- Ordena los CV por relevancia, comenzando por el o la fundadora, si aplica.

Asegúrate de que reflejan coherencia con el plan: si dices que tu proyecto se basa en el conocimiento tecnológico, los perfiles deben respaldarlo.

Ejemplo de extracto de CV (ficticio)

Carlos García Fernández
Correo: carlosgf@email.com. Tel: 600 123 456
Formación:
- Grado en Ingeniería Informática (UPM, 2014).
- Máster en Dirección de Proyectos TIC (UOC, 2016).

Experiencia:

- CTO en StartupX (2017–2021): desarrollo y escalado de plataforma SaaS.
- Consultor en tecnología para pymes en DigitalizaTech (2021–2023).

Rol en el proyecto:
Coordinador técnico y responsable de desarrollo tecnológico.

Contratos, licencias, estudios de mercado

Documentación legal y administrativa

En este apartado deben incluirse documentos oficiales o legales que respalden que el negocio cuenta con los permisos necesarios o tiene previsión de obtenerlos:

- Contratos de alquiler o compraventa del local o activos.
- Licencias de actividad o licencias ambientales.
- Certificados de seguridad o sanidad.
- Permisos sectoriales (transporte, comercio, restauración).
- Registro de marca o nombre comercial.

Consejo: no es necesario incluir documentos completos. Puedes añadir copias de la portada, certificaciones o extractos, y dejar la copia íntegra disponible a petición.

Contratos clave

También puedes incluir modelos o borradores de:

- Contratos con proveedores.
- Acuerdos con socios o pactos de socios.

- Precontratos con clientes estratégicos.
- Acuerdos de confidencialidad (NDA).

Estos documentos demuestran que ya estás trabajando activamente en la viabilidad del negocio y que no es solo una idea.

Estudios e informes de mercado

Una parte esencial de los anexos es respaldar tus afirmaciones con datos de mercado fiables y actualizados.
Puedes incluir:

- Informes sectoriales (INE, Deloitte, Euromonitor, Statista, etc.)
- Datos de consumo o tendencias (Google Trends, informes gubernamentales)
- Resultados de encuestas propias o *focus groups*
- Comparativas de precios, análisis de competencia, informes DAFO.

Asegúrate de citar la fuente y la fecha. Si el informe es extenso, incluye una tabla resumen con los datos clave y ofrece el documento completo como anexo aparte.

Caso práctico: anexos para una empresa de cosmética natural

Tipo de documento	Detalle
Licencia de actividad	Copia de la solicitud al ayuntamiento
Contrato de distribución	Acuerdo marco con operador logístico

Tipo de documento	Detalle
Informe de mercado	Estudio de Euromonitor sobre cosmética ecológica
Encuesta de clientes	Resultados de 150 encuestas en redes
Registro de marca	Copia del registro en OEPM
NDA con fabricante	Acuerdo de confidencialidad firmado

Gráficos y tablas

Visualizar los datos para comunicar mejor

Muchos planes de empresa fracasan no por su contenido, sino por cómo lo presentan. Utilizar gráficos, tablas y esquemas mejora la comprensión y da dinamismo al documento.

Tipos de gráficos recomendados

- *Gráficos de barras:* para comparar ingresos, segmentos, costes o evolución.
- *Gráficos de líneas:* ideal para proyecciones temporales o crecimiento.
- *Gráficos circulares:* para mostrar la distribución de clientes, gastos o productos.
- *Diagramas de flujo:* para explicar procesos de producción o atención al cliente.
- *Matriz DAFO:* como herramienta visual de análisis estratégico.
- *Mapa de posicionamiento:* para mostrar tu propuesta respecto a la competencia.

Tablas útiles

- Resumen financiero con balance, cuenta de resultados y flujo de caja.
- Calendario de implementación por fases y fechas clave.
- Organigrama con funciones y jerarquías.
- Plan de acción comercial con tareas, responsables y KPI.

Recomendaciones para gráficos y tablas

- Usa un diseño limpio y profesional (evita colores chillones).
- Numera y titula cada gráfico o tabla: «Gráfico 1. Proyección de ventas».
- Asegúrate de que son coherentes con los datos del texto.
- Evita saturar: usa un gráfico por idea clave, no por cada número.

Plantillas de apoyo

¿Por qué incluir plantillas?

Muchas veces, quien revisa un plan de empresa busca cómo se va a implementar lo que allí se dice.

Incluir plantillas de apoyo demuestra que tu proyecto está preparado para la acción.

Tipos de plantillas recomendadas

- *Modelo de hoja de ruta (Gantt):* fases del proyecto, plazos, responsables.
- *Formato de presupuesto operativo:* costes mensuales por área (RR. HH., producción, *marketing,* etc.).

- *Plan de marketing mensual:* acciones, canales, objetivos, responsable, fecha.
- *Ficha de cliente ideal (buyer persona):* datos sociodemográficos, intereses, motivaciones, puntos de dolor.
- *Plan de captación de leads o ventas:* estrategia de embudo: *awareness* → interés → conversión → fidelización.
- *Checklist de lanzamiento:* tareas clave previas a la apertura o comercialización.
- *Modelo de control de tesorería:* entradas y salidas previstas, saldo mensual, desviaciones.

Ejemplo de plantilla de calendario de lanzamiento:

Tarea	Responsable	Fecha inicio	Fecha fin	Estado
Contratador diseñador web	CEO	01/09	05/09	Completada
Alta en redes sociales	CEO	06/09	08/09	Pendiente
Camapaña de e-mail marketing	CEO	10/09	20/09	En proceso

Dónde colocar las plantillas

Puedes incluirlas como anexos finales o bien ofrecerlas como enlaces descargables si el documento se entrega en formato digital.

Si vas a presentar el plan en PDF, es recomendable añadir un índice de anexos numerados, al final del documento.

Consejos generales para organizar los anexos

- Incluye un índice de anexos al final del documento, con numeración clara.
- Mantén un orden lógico: primero los CV, luego los contratos, luego los gráficos, luego las plantillas.
- Si el documento es extenso, puedes agrupar por tipo: «Anexos legales», «Anexos financieros», «Anexos de *marketing*».
- Evita repetir información ya explicada en el plan: los anexos deben complementar, no duplicar.
- Revisa bien que los anexos no contradigan ningún dato del plan principal.

Conclusión del capítulo

Los anexos y documentos complementarios no son un extra decorativo, sino una prueba tangible de que tu proyecto es sólido, trabajado y profesional.

En muchos casos, son estos detalles los que convencen a un inversor, tranquilizan a un banco o hacen que tú mismo veas la solidez de tu idea.

Un plan sin anexos es como una casa sin cimientos: puede estar muy bien decorada, pero no resistirá el primer temblor.

En resumen, asegúrate de incluir:

- CV del equipo fundador y colaboradores clave.
- Documentos legales, contratos o registros relevantes.
- Estudios de mercado y encuestas propias.
- Gráficos, tablas y esquemas bien presentados.
- Plantillas prácticas que demuestren tu capacidad operativa.

PARTE III
MÁS ALLÁ DEL DOCUMENTO: USOS Y CASOS PRÁCTICOS

Hasta este punto, hemos tratado el plan de empresa como un documento estratégico con una estructura definida.

Sin embargo, su verdadero valor no está en el papel o el PDF final, sino en cómo se utiliza una vez creado.

Un plan de empresa bien construido es una herramienta viva, dinámica, útil tanto para la toma de decisiones como para la comunicación interna y externa.

Esta parte del libro explora sus aplicaciones prácticas y cómo puede ayudarte en el día a día como emprendedor, gestor o directivo.

Hoja de ruta para la acción

Uno de los usos más valiosos del plan de empresa es servir como hoja de ruta interna. Al establecer objetivos, estrategias, responsables y plazos, el plan permite:

- Mantener el foco en lo importante.
- Detectar desviaciones entre lo planeado y lo ejecutado.
- Tomar decisiones con base y no por intuición.
- Alinear al equipo hacia metas compartidas.

Convertido en herramienta de seguimiento, se puede revisar mensualmente o trimestralmente para ajustar las acciones según la realidad del negocio.

Guía para presentar tu proyecto a terceros

El plan también es clave cuando necesitas comunicar tu visión y modelo a personas externas a la empresa.
Por ejemplo:

- *Inversores:* necesitan entender cómo funciona tu negocio, qué retorno pueden esperar y cuáles son los riesgos.
- *Entidades financieras:* requieren un documento serio y riguroso que justifique la solicitud de crédito.
- *Subvenciones públicas:* muchas convocatorias exigen un plan empresarial para evaluar la viabilidad.
- *Socios estratégicos: partners* o colaboradores quieren claridad sobre el proyecto antes de asociarse.

En cada caso, el plan debe adaptarse en tono, profundidad y formato, pero siempre manteniendo la coherencia con la estrategia general.

Herramienta para el alineamiento del equipo

Cuando un negocio empieza a crecer, el equipo se convierte en pieza central del éxito.
El plan de empresa permite:

- Comunicar la misión, visión y valores a todos los miembros del equipo.
- Clarificar los objetivos de cada área o departamento.
- Evitar malentendidos sobre prioridades o decisiones estratégicas.

Un buen plan, compartido y discutido, genera compromiso, motivación y sentido de pertenencia.

Base para analizar decisiones y evaluar cambios

¿Te planteas lanzar un nuevo producto, cambiar precios, entrar en un nuevo mercado, contratar a alguien clave? El plan de empresa te ofrece una base analítica y estructurada para tomar decisiones como:

- ¿Cómo afectará esto al flujo de caja?
- ¿Está alineado con nuestros valores y objetivos SMART?
- ¿Qué impacto tendrá en la estructura de costes?
- ¿Tenemos capacidad operativa o humana para asumirlo?

Así, el plan deja de ser un archivo en el escritorio y se convierte en una herramienta de evaluación estratégica permanente.

Casos prácticos reales

Veamos dos ejemplos concretos del uso del plan en situaciones reales:

Caso 1: Tienda *online* de cosmética natural

Ana lanzó su *e-commerce* tras redactar su plan de empresa. Gracias a él, identificó un nicho claro, diseñó una estrategia de *marketing* segmentada y presentó su plan a un inversor ángel que le aportó 25 000 € a cambio del 10 % del capital.

Hoy, lo revisa cada seis meses para ajustar previsiones y controlar KPI.

Caso 2: Cafetería con espacio *coworking*

Carlos y Marta abrieron un local híbrido en una ciudad media. Con su plan de empresa solicitaron una ayuda local a fondo perdido y un préstamo ENISA. Además, usaron el documento como carta de presentación para encontrar un socio operativo que les ayudara con la parte tecnológica del proyecto.

El plan fue la base para las primeras reuniones y la firma del acuerdo.

En resumen, un plan de empresa no es un fin, sino un instrumento multifuncional, útil para pensar, planificar, ejecutar, corregir y comunicar.

En la próxima y última parte del libro veremos cómo actualizar, revisar y mantener vigente el plan de empresa con el paso del tiempo, para convertirlo en un aliado permanente del crecimiento empresarial.

CÓMO PRESENTAR EL PLAN DE EMPRESA A TERCEROS

Adaptar el tono y el formato según el público

El plan de empresa no solo es una herramienta para la gestión interna, sino además una pieza clave en la comunicación estratégica de cualquier proyecto emprendedor.

Pero no existe una única manera de presentarlo. Cada interlocutor —inversor, entidad financiera, administración pública, socio potencial, incubadora o aceleradora— requiere un enfoque diferente. Adaptar el tono y el formato al público específico es la diferencia entre captar el interés o perder una oportunidad.

Público inversor

Los inversores, ya sean *business angels*, fondos de capital riesgo o plataformas de inversión colectiva, valoran la claridad, la escalabilidad del proyecto y la proyección de rentabilidad.

No están interesados en detalles operativos, sino en:

- La oportunidad de mercado.
- El modelo de negocio.

- La ventaja competitiva.
- El equipo promotor.
- Las proyecciones financieras realistas.
- La estrategia de salida (*exit*).

Formato recomendado: resumen ejecutivo visual, *pitch deck* en PowerPoint y plan financiero aparte.
Tono: directo, ambicioso pero realista, con foco en retorno e impacto.

Bancos y entidades financieras

A diferencia de los inversores, los bancos buscan garantías de devolución del préstamo.

Se enfocan en la estabilidad financiera, la capacidad de generación de caja y la responsabilidad del equipo gestor.

Formato recomendado: plan completo en PDF impreso, con énfasis en las proyecciones financieras, calendario de pagos y garantías ofrecidas.
Tono: técnico, riguroso, prudente y estructurado.

Administraciones públicas y convocatorias de ayudas

En estos casos, el plan se utiliza para evaluar la viabilidad del proyecto, su impacto en el entorno (empleo, innovación, sostenibilidad) y la justificación del uso de fondos públicos.

> **Formato recomendado:** documento ajustado a los requisitos de la convocatoria (estructura, anexos, formulario), normalmente con secciones de impacto social o ambiental.
> **Tono:** formal, adaptado a lenguaje administrativo, con cifras claras y justificadas.

Socios estratégicos y colaboradores

En negociaciones con socios estratégicos, el plan debe enfocarse en la complementariedad, la visión común y la propuesta de valor compartida.

> **Formato recomendado:** resumen ejecutivo + anexo técnico o financiero según necesidad.
> **Tono:** profesional pero cercano, orientado a establecer una relación a medio–largo plazo.

Aceleradoras, incubadoras y concursos

Aquí se valora la innovación, el potencial de crecimiento y la capacidad del equipo.
Suelen pedir un resumen ejecutivo o presentación oral.

> **Formato recomendado:** *pitch* de 3–5 minutos + documento de una página o Lean Canvas.
> **Tono:** fresco, entusiasta, directo, enfocado en diferenciación.

Errores frecuentes al presentar el plan

A lo largo de los años, miles de emprendedores han cometido los mismos fallos al presentar su plan de empresa. Evitarlos no garantiza el éxito, pero puede abrirte muchas puertas.
Aquí te dejamos los más frecuentes:

Usar el mismo documento para todos los públicos

Uno de los errores más comunes es utilizar el mismo plan genérico para todo tipo de destinatarios, sin adaptar contenido, tono ni nivel de detalle. Esto genera desconexión y pérdida de credibilidad.

> **Solución:** tener una versión completa (base) y varias versiones adaptadas: resumen ejecutivo, *pitch deck,* plan financiero, etc.

Exceso de jerga o tecnicismos

No todos los públicos tienen formación técnica o conocimiento profundo del sector. Un lenguaje muy especializado puede alejar al lector o hacer que pierda interés.

> **Solución:** usa un lenguaje claro, con términos explicados, y complementa con anexos técnicos si es necesario.

Promesas exageradas o proyecciones irreales

Asegurar que tendrás millones de usuarios en dos años o un ROI del 1000 % genera desconfianza.

Los inversores y bancos huyen de las exageraciones sin sustento.

Solución: realiza proyecciones conservadoras basadas en datos reales y presenta también escenarios alternativos.

Plan desordenado o visualmente pobre

Un documento mal estructurado, con errores ortográficos, mala maquetación o gráficos confusos, transmite falta de profesionalismo y cuidado.

Solución: revisa, corrige, maquétalo con claridad y, si es posible, apóyate en herramientas de diseño o profesionales *freelance.*

Falta de foco en la propuesta de valor

Muchos planes se centran en lo que se va a hacer (producto, logística, estructura), pero no en por qué alguien lo compraría o invertiría.

Solución: destaca siempre la propuesta de valor, los beneficios para el cliente y tu ventaja competitiva.

No preparar respuestas a posibles preguntas

Una presentación de plan suele ir seguida de preguntas técnicas, estratégicas o financieras.
No prepararse para esta parte es un error común.

> **Solución:** ensaya respuestas a preguntas típicas como: «¿Qué pasa si no alcanzas los objetivos?», «¿Por qué tú y no otro?», «¿Cómo usarás el dinero?», «¿Qué pasa si entra un competidor fuerte?».

Preparar un *pitch* efectivo basado en el plan

Un buen *pitch* puede abrir la puerta a una inversión, una colaboración o una oportunidad clave.

Aunque el plan de empresa sea extenso y completo, debes sintetizarlo en una presentación breve, clara e impactante.

Aquí te explicamos cómo hacerlo.

¿Qué es un *pitch*?

El *pitch* es una presentación breve y directa de tu proyecto. Puede durar desde 30 segundos (*elevator pitch*) hasta 5 o 10 minutos (*pitch* formal). Su objetivo es captar el interés de tu interlocutor.

No se trata de contar todo, sino de generar curiosidad e interés para que haya una segunda reunión.

La estructura clásica de un *pitch* de 5 minutos es esta:

- *Presentación del equipo:* quién eres, tu experiencia y la de tus socios.
- *El problema o necesidad:* qué necesidad real detectas en el mercado.
- *Tu solución:* qué ofreces, cómo resuelve ese problema y por qué es mejor.
- *Modelo de negocio:* cómo generas ingresos.
- *Mercado objetivo:* a quién vas dirigido y cuál es el tamaño del mercado.

- *Competencia y ventaja diferencial:* quién más ofrece algo similar y por qué tú eres diferente.
- *Estrategia de crecimiento:* cómo vas a escalar y llegar a más clientes.
- *Situación actual y tracción:* qué logros has alcanzado hasta ahora.
- *Necesidades de financiación:* cuánto necesitas, para qué y qué ofreces a cambio.
- *Cierre e invitación a conversar:* contacto, disponibilidad, agradecimiento.

Claves para un *pitch* memorable

- *Empieza con una historia:* conectar emocionalmente en los primeros segundos engancha mucho más que los datos.
- *Sé visual:* apóyate en imágenes claras, diagramas o vídeos cortos.
- *Evita el texto extenso:* usa palabras clave y habla tú, no leas diapositivas.
- *Ensaya con otros:* prueba con personas que no sepan de tu sector. Si te entienden, estás en el camino correcto.
- *Controla el tiempo:* cada minuto cuenta. Respeta el tiempo asignado.

Cómo usar el plan como base del *pitch*

Tu plan de empresa contiene toda la información. Pero el *pitch* debe destilar lo esencial y presentarlo con impacto.

Para construirlo:

- *Extrae lo clave de cada sección del plan:* resumen ejecutivo, análisis de mercado, modelo de negocio, equipo y finanzas.

- *Convierte cifras en mensajes simples:* «Esperamos facturar 250 000 € el primer año» suena mejor que una tabla complicada.
- *Adapta el lenguaje al público:* si hablas con inversores tecnológicos, no es lo mismo que presentar a una cámara de comercio local.
- *Prepara materiales de apoyo: pitch deck,* versión impresa del resumen ejecutivo y plan financiero.

Ejemplo real: presentación efectiva de un *pitch*

María, emprendedora del sector agroalimentario, buscaba 50 000 € de financiación. Preparó un *pitch* de 6 minutos ante un jurado mixto de inversores y técnicos públicos.

Su estrategia:

- Empezó contando cómo su padre casi pierde la cosecha por falta de predicción climática y cómo eso la motivó a crear un sistema de sensores inteligentes.
- Mostró un prototipo físico y una *app* en funcionamiento.
- Usó solo 8 diapositivas, con gráficas limpias y fotografías reales.
- En el cierre, invitó al jurado a una prueba en campo el mes siguiente.

Resultado: consiguió 3 inversores interesados y una ayuda a fondo perdido.

Conclusión del capítulo

Presentar tu plan de empresa a terceros no es solo una formalidad, sino una oportunidad para contar tu historia, convencer, inspirar y generar confianza.

El documento es la base, pero la forma en que lo comunicas —oralmente, por escrito o visualmente— marca la diferencia.

Conocer a tu audiencia, evitar errores comunes y construir un *pitch* bien estructurado puede ser decisivo para conseguir financiación, apoyo institucional o alianzas estratégicas.

Recuerda: el mejor plan del mundo no sirve de nada si nadie lo entiende o confía en él.

En la siguiente parte del libro aprenderás a mantener tu plan vivo y útil en el tiempo.

Porque un buen emprendedor no solo sabe planificar, sino también adaptarse, revisar y evolucionar constantemente su hoja de ruta.

CASOS REALES DE ÉXITO

Un plan de empresa no es solo un documento para conseguir financiación o presentar ante terceros, es una herramienta estratégica que puede marcar el rumbo de una organización.

En este capítulo analizaremos cómo algunas de las empresas más icónicas del mundo utilizaron planes de negocio —o sus equivalentes— para orientar su crecimiento, evolucionar con el tiempo y adaptar su visión a nuevos mercados y contextos.

Veremos que, aunque cada caso es único, hay patrones comunes en cuanto a visión, adaptación, estrategia y ejecución.

Plan de Apple: de la idea al imperio

Apple nació en 1976 en un garaje de California, impulsada por la visión de Steve Jobs, la ingeniería de Steve Wozniak y el pragmatismo de Ronald Wayne.

Aunque los inicios fueron humildes, el primer plan de negocio de Apple, titulado «Apple Computer Business Plan», fue clave para conseguir la financiación inicial que catapultaría a la empresa.

Un plan sencillo pero visionario

El plan de negocio de Apple, como se conoce en los archivos de Silicon Valley, destacaba por su claridad: un producto innovador, una audiencia creciente de entusiastas de la informática personal y una estructura de costes accesible.

Jobs tenía claro que no vendía un ordenador, sino una herramienta de cambio para la sociedad.

Esa visión trascendía el *hardware* y proponía un nuevo modelo de relación entre personas y tecnología.

Lo que aprendemos de Apple

- Visión transformadora: más allá del producto, el plan debía inspirar.
- Simplicidad estratégica: evitar complicaciones innecesarias. Se centraron en lo esencial.
- Foco en el usuario final: diseñaron para personas reales, no solo para técnicos.

Con el tiempo, Apple ha actualizado su plan estratégico una y otra vez, pero manteniendo el núcleo de su misión original: tecnología sencilla, intuitiva y bella al servicio del ser humano.

El caso Amazon: escalabilidad y adaptación

Cuando Jeff Bezos escribió el plan de negocio de Amazon en 1994, lo hizo en una hoja de cálculo y un documento Word que hoy serían considerados rudimentarios.

Sin embargo, en aquel plan se esbozaban conceptos clave que acabarían por definir a uno de los gigantes del comercio electrónico mundial.

El enfoque de *Day One*

Bezos estructuró el plan siguiendo un principio rector: «Siempre es el Día Uno».

Esto implicaba una mentalidad de inicio permanente, ágil y abierta al cambio.

Su visión incluía no solo la venta de libros, sino una plataforma tecnológica que pudiera escalar a cualquier categoría de producto.

El plan contemplaba:

- Una infraestructura logística robusta.
- Inversión temprana en tecnología y automatización.
- Pérdidas sostenidas a corto plazo a cambio de crecimiento a largo plazo.

Lo que aprendemos de Amazon

- Apuesta a largo plazo: no buscaban beneficios inmediatos, sino dominio estratégico.
- Escalabilidad desde el inicio: el plan preveía expansión antes incluso de consolidarse.
- Adaptación permanente: el documento evolucionó con rapidez en los primeros años, añadiendo nuevos mercados y servicios (como AWS).

Amazon demuestra que un plan de negocio puede ser flexible y agresivo a la vez, siempre que se base en una comprensión profunda del modelo operativo y del potencial de mercado.

Airbnb: un plan creativo para una solución inusual

Airbnb nació en 2008, en plena crisis económica. Sus fundadores, Brian Chesky y Joe Gebbia, estaban en apuros financieros y decidieron alquilar espacio en su apartamento durante una convención. De esa idea casual nació una empresa que transformaría la industria hotelera.

El *pitch deck* que lo cambió todo

El plan inicial no era un documento extenso, sino un *pitch deck* de 10 diapositivas que sintetizaba:

- El problema (alojamiento caro e inaccesible en eventos masivos).
- La solución (personas alquilando espacio en sus casas).
- El mercado potencial (miles de ciudades en todo el mundo).
- El modelo de ingresos (comisión por cada transacción).

Ese *deck*, visual, claro y emocional, convenció a los primeros inversores, entre ellos Y Combinator.

Lo que aprendemos de Airbnb

- *Formato visual efectivo:* no todos los planes deben ser largos y técnicos.
- *Validación temprana:* usaron datos reales de su primera experiencia como prueba de concepto.
- *Narrativa potente:* contaban una historia con la que los usuarios (y los inversores) podían identificarse.

Airbnb sigue utilizando versiones iterativas de su plan en cada fase de crecimiento: expansión, regulación, profesionalización, nuevos servicios (Experiencias, Luxe, etc.).

Cómo grandes empresas han usado (y reescrito) su plan

No solo las startups tienen planes de negocio, las grandes corporaciones también los crean y, sobre todo, los reescriben cuando cambian las condiciones del mercado, los hábitos de los consumidores o su propia estrategia.

Veamos algunos casos:

Netflix: de DVD por correo al *streaming* global

Netflix nació con un plan de negocio simple: alquilar DVD por suscripción mensual. Pero su verdadera genialidad fue actualizar su plan ante cada disrupción:

- En 2007 integraron el *streaming* como una nueva línea.
- En 2013 apostaron por contenido propio.
- En 2020 expandieron internacionalmente con contenido local.

Cada fase requirió un nuevo plan, con nuevos supuestos financieros, partners estratégicos y estructura organizativa.

> **Lección clave:** un plan no debe estar grabado en piedra, debe reescribirse para responder al mercado.

Tesla: plan en tres actos

El propio Elon Musk publicó en su blog un plan maestro, dividido en tres etapas:

- Vender un coche deportivo caro (el Roadster) para financiar el desarrollo.
- Crear un coche más accesible (el Model S).
- Lanzar vehículos de consumo masivo (Model 3).

Más que un plan tradicional, era una hoja de ruta estratégica compartida públicamente.
La transparencia ayudó a atraer inversores, talento y prensa.

Lección clave: comunicar el plan puede convertirse en una estrategia en sí misma.

Zara: improvisación estructurada

Zara no tiene un plan de *marketing* formal, pero su modelo de negocio, basado en ciclos de producción ultrarrápidos, respuesta a la demanda y centralización logística, es en sí un plan operacional que se ejecuta como un reloj suizo.
El secreto es que todos los implicados conocen las prioridades, los KPI y las métricas clave de cada fase.

Lección clave: incluso sin un documento formal, un plan puede estar vivo en los procesos, el equipo y la cultura.

Conclusión: patrones comunes en los planes exitosos

Tras revisar todos estos casos, podemos extraer algunos patrones comunes en los planes de empresa que marcaron la diferencia:

- *Claridad en la propuesta de valor:* todas las empresas sabían exactamente qué problema resolvían y para quién.
- *Narrativa potente:* no se limitaban a cifras, contaban una historia inspiradora y creíble.
- *Escalabilidad prevista:* pensaban desde el inicio en crecer, replicar y adaptarse.
- *Iteración constante:* no se casaron con un único plan, lo reescribieron cuando hizo falta.
- *Alineación total con la ejecución:* el plan no era solo para presentar, sino para vivirlo en el día a día.

Y tú, ¿qué puedes aprender de estos gigantes?

La respuesta no está en copiar sus modelos, sino en captar su actitud ante el plan de empresa.

Un buen plan no es una tarea burocrática ni un requisito para pedir dinero, sino un mapa para tu aventura empresarial.

Y como en todo viaje, lo más importante no es el mapa, sino saber leerlo, usarlo y redibujarlo cuando el camino cambia.

CONSEJOS FINALES PARA MANTENER TU PLAN VIVO

Una vez que tu plan de empresa ha sido redactado, revisado, presentado y aprobado, podrías pensar que tu trabajo ha terminado. Nada más lejos de la realidad.

Un plan de empresa no es un documento muerto, estático, que se guarda en un cajón y se olvida. Es una herramienta viva que debe evolucionar junto con tu negocio.

En este capítulo final, veremos cómo mantener tu plan actualizado, cómo integrarlo en la gestión diaria, qué herramientas pueden ayudarte y cómo lograr que siga siendo útil sin desviarte de tu visión original.

Cuándo y cómo revisarlo

Uno de los errores más frecuentes de los emprendedores es pensar que el plan de negocio se redacta una vez y ya está.

Pero, igual que un coche necesita revisiones periódicas para seguir funcionando, un plan también requiere ajustes.

¿Con qué frecuencia revisarlo?

- *Trimestralmente:* si tu negocio está en fase inicial o crecimiento rápido.
- *Cada seis meses:* para negocios consolidados, en mercados estables.
- *Anualmente:* como mínimo, una revisión estratégica global es imprescindible.
- *Ad-hoc*: cuando ocurren eventos imprevistos (crisis, pandemia, cambio normativo, entrada de un competidor fuerte, etc.).

Qué revisar

- Hipótesis clave: ¿siguen siendo válidas las suposiciones en las que basaste tu modelo de negocio?
- Objetivos SMART: ¿estás cumpliendo lo que te propusiste? ¿Hay que reescribir metas?
- KPI y métricas: ¿los indicadores reflejan el estado real del negocio?
- Estructura de ingresos y costes: ¿han cambiado tus márgenes? ¿Tienes nuevas fuentes de ingresos?
- Estrategia de *marketing*: ¿tu mensaje sigue funcionando? ¿Tus canales son efectivos?
- Organización y equipo: ¿han cambiado roles, responsabilidades o estructura?

Quién debe participar

La revisión del plan no debe recaer solo en el fundador. Idealmente, debería ser un proceso compartido con:

- Socios o cofundadores.
- Responsables de área (ventas, *marketing*, finanzas).
- Mentores o asesores externos (para aportar perspectiva).

Involucrar a más personas ayuda a mantener una visión crítica, detectar puntos ciegos y generar compromiso con la estrategia.

Cómo usar el plan como herramienta de gestión

Un buen plan de negocio no se limita a un documento para pedir financiación, sino que es, ante todo, una herramienta de gestión que te permite tomar decisiones informadas.

El plan como brújula diaria

Imagina que tu plan es una brújula.
No te dice cada paso exacto, pero sí en qué dirección deberías avanzar.
Algunas formas prácticas de usarlo:

- *Planificar el mes:* usa los objetivos del plan para establecer metas operativas cada 30 días.
- *Reuniones de equipo:* revisa avances respecto a lo que marcaba el plan en cada área.
- *Priorización:* si surgen nuevas ideas, valora si encajan o no en la estrategia definida.
- *Contrataciones:* usa el plan para decidir qué perfiles incorporar y en qué momento.

Vinculación con los indicadores

Uno de los errores más comunes es no conectar el plan con los números del día a día.
Por ejemplo:

- Si tu objetivo es crecer un 25 % anual, ¿cuánto deberías crecer al mes?
- Si necesitas captar 500 nuevos clientes, ¿cuántas llamadas, campañas o visitas implica eso?
- Si el flujo de caja se anticipa ajustado, ¿qué medidas puedes tomar ahora para evitar tensiones?

Convertir las grandes metas en pequeñas acciones y métricas es clave para que el plan se vuelva operativo y no decorativo.

Automatizar el seguimiento y los indicadores

En el día a día, es fácil perder de vista los objetivos marcados. Por eso, automatizar parte del seguimiento puede ayudarte a mantener el foco sin perder agilidad.

Herramientas recomendadas

- *Trello / Asana / Notion:* para vincular tareas concretas a los objetivos del plan.
- *Google Data Studio / Power BI:* para visualizar métricas clave en paneles gráficos.
- *Excel o Google Sheets con dashboards:* soluciones sencillas para empezar.

- *CRM como Hubspot o Zoho:* para seguir indicadores comerciales (ventas, *leads*, embudos).

Qué indicadores seguir

Dependiendo del tipo de negocio, puedes monitorizar:

- *Ventas:* facturación mensual, conversión por canal, valor medio por cliente.
- *Marketing:* tráfico web, coste por *lead*, seguidores o *engagement*.
- *Finanzas:* margen bruto, gastos operativos, flujo de caja, deuda.
- *Operaciones:* producción, entregas, incidencias, calidad.
- *Equipo:* rotación, satisfacción interna, cumplimiento de objetivos.

Lo importante es no ahogarse en números, sino definir entre 5 y 10 indicadores clave (KPI) y revisarlos de forma regular.

Alertas y umbrales

Configura alertas automáticas cuando ciertos indicadores se desvíen de lo previsto. Por ejemplo:

- Si el ratio de conversión cae un 30 % respecto al mes anterior.
- Si el flujo de caja anticipa saldo negativo en los próximos 60 días.
- Si las visitas a la web bajan durante más de dos semanas seguidas.

Esto te permite reaccionar con tiempo, tomar decisiones rápidas y reajustar la estrategia sin perder el control.

Evolucionar sin perder el foco

Actualizar tu plan no significa reinventar la empresa cada trimestre. Hay una línea fina entre ser flexible y volverse errático. La clave está en evolucionar con criterio.

Mantén el núcleo estable

Hay elementos que no deberían cambiar fácilmente:

- Misión y valores.
- Propósito del negocio.
- Propuesta de valor al cliente.
- Segmento objetivo principal.

Estos forman el ADN de tu empresa.

Cambiar constantemente estos elementos puede confundir a tus clientes, empleados e incluso a ti mismo.

Sé flexible en el cómo.

Lo que sí puede y debe cambiar es:

- Los canales de venta, si alguno deja de funcionar.
- Las tecnologías, si hay innovaciones que te hagan más eficiente.
- Los productos o servicios, si cambian las necesidades del mercado.
- La estrategia de *marketing*, si tu audiencia se comunica de otra forma.

El plan es como una partitura: puedes cambiar el instrumento, el ritmo o la armonía, pero la melodía debe seguir siendo reconocible.

Ejemplos de evolución sin perder el norte

- Slack empezó como una herramienta interna de comunicación para un videojuego. Al ver su potencial, pivotaron el producto, pero no su propósito: mejorar la colaboración.
- Instagram nació como Burbn, una *app* de geolocalización y *check-ins*. Tras observar el comportamiento de sus usuarios, evolucionó hacia una plataforma de fotografía social.
- Netflix pasó de alquilar DVD a dominar el *streaming* y luego a producir contenido original, sin perder su visión de entretener de forma accesible y personalizada.

Conclusión: Tu plan es una brújula, no un mapa cerrado

El gran error con un plan de empresa es pensar que es el destino. No lo es. Es el medio para alcanzar el destino que tú defines como éxito.

Si algo hemos aprendido a lo largo de este libro es que el plan debe ayudarte a:

- Pensar estratégicamente.
- Tomar decisiones alineadas.
- Atraer recursos (humanos, financieros, técnicos).
- Medir y corregir el rumbo.
- Comunicar con claridad tu propuesta.

Pero todo esto solo es posible si lo mantienes vivo.
Últimos consejos prácticos:

- Agenda una reunión trimestral de revisión del plan.
- Redacta un resumen ejecutivo mensual con los principales avances.
- Define objetivos trimestrales vinculados al plan general.
- Comparte el plan (o sus versiones) con tu equipo para que sea una herramienta compartida, no un secreto del fundador.
- No tengas miedo a reescribir partes del plan si la realidad lo requiere.

Y sobre todo, recuerda por qué comenzaste.
Tu plan debe ser un reflejo de esa motivación original.
Que te guíe, te inspire y te obligue a dar siempre lo mejor.

CONCLUSIÓN

El plan como hoja de ruta y espejo del negocio

Has llegado al final de esta guía, y eso ya es un logro. Leerla entera demuestra que entiendes la importancia de planificar, pensar antes de actuar y construir sobre bases sólidas.

Pero, más allá de los capítulos, gráficos y modelos, hay una idea central que debe quedarte clara: un plan de empresa no es un trámite.

Es tu guía, tu brújula, tu mapa.

Es el espejo en el que tu negocio se reconoce a sí mismo.

En el camino emprendedor, muchas decisiones son inciertas. No hay garantías, pero un plan de empresa te permite disminuir la improvisación, anticiparte a problemas y comunicar con claridad.

No importa si buscas inversores, quieres abrir una panadería de barrio o aspiras a liderar una *startup* tecnológica: tu plan marca el camino, te ayuda a tomar decisiones alineadas con tu visión y te da estructura en medio del caos.

Un documento, múltiples funciones

Tu plan de empresa cumple funciones clave:

- Define tu modelo de negocio y tus hipótesis principales.
- Sirve como carta de presentación ante socios, bancos o inversores.
- Facilita la toma de decisiones cotidianas, al recordar tus prioridades.
- Permite evaluar avances y corregir el rumbo basándote en datos.
- Es fuente de motivación, al recordarte por qué empezaste y hacia dónde vas.

Pero, más allá de lo funcional, también tiene un valor simbólico.

Es la primera gran prueba de compromiso contigo mismo y con tu idea.

Si no estás dispuesto a dedicarle unas semanas a pensar, analizar y redactar tu plan, ¿realmente estás preparado para emprender?

Tu plan no es solo un documento, es una mentalidad

A lo largo de este libro hemos insistido en que el plan no debe quedar guardado en un cajón.

Pero, aún más importante, no debe quedarse solo en un documento.

Un buen plan se traduce en una manera de pensar, de liderar, de evolucionar.

La mentalidad estratégica

Los emprendedores que mantienen viva su planificación suelen compartir ciertos rasgos:

- Piensan en sistemas: entienden que cada decisión afecta a otras áreas.
- Miden y analizan: no actúan solo por intuición, combinan creatividad y datos.
- Revisan con regularidad: saben que el entorno cambia y su negocio también.
- Escuchan al mercado: adaptan sin traicionar su esencia.
- Toman decisiones difíciles basándose en una visión clara.

Tener un plan no significa ser inflexible. Al contrario, significa tener una base firme para pivotar con sentido, no por pánico ni capricho. Significa saber por qué haces lo que haces y tener argumentos para defenderlo.

Liderazgo desde el foco

El plan de empresa no es solo para atraer capital o conseguir permisos, también te ayuda a liderar mejor:

- A ti mismo: cuando hay dudas, el plan te recuerda tus prioridades.
- A tu equipo: cuando hay caos, el plan da dirección y sentido.
- A tus aliados: cuando hay interés, el plan transmite claridad.

Un emprendedor con un plan bien trabajado transmite profesionalidad, madurez y visión, y eso marca la diferencia a la hora de atraer talento, clientes e inversores.

Próximos pasos: de la idea al negocio en marcha

Si has llegado hasta aquí, probablemente tienes una idea de negocio en mente.

Puede estar en fase semilla, en maduración, o quizás ya haya arrancado sin plan formal.

Sea cual sea tu caso, los pasos que vienen ahora son decisivos.

Paso 1: Reunir lo que ya sabes

Antes de lanzarte a escribir desde cero, haz un inventario de la información que ya tienes:

- ¿Has hecho algún estudio de mercado?
- ¿Tienes claro quién es tu cliente ideal?
- ¿Has definido productos o servicios concretos?
- •Sabes cuánto dinero necesitas?
- ¿Tienes costes fijos y variables estimados?

Muchos emprendedores se sorprenden al ver que, aunque no tengan un plan oficial, ya han hecho gran parte del trabajo mental.

Tómate unas horas para ponerlo todo por escrito, sin orden ni filtros.

Luego lo estructurarás.

Paso 2: Elegir el tipo de plan adecuado

No todos los negocios necesitan el mismo tipo de plan. Recuerda los modelos que vimos:

- ¿Tu proyecto es muy incipiente? Comienza con un *Lean Canvas*.
- ¿Tienes poco tiempo y quieres agilidad? Prueba con un plan de una página.
- ¿Vas a buscar financiación o necesitas profundidad? Prepara un plan tradicional completo.
- ¿Tu empresa ya funciona pero necesita foco? Redacta un plan de uso interno o plan estratégico.

Elige el formato más útil para ti. No intentes impresionar con cien páginas si no aportan valor. El mejor plan es el que se usa, no el más bonito.

Paso 3: Redactar paso a paso (no todo en un día)

Una trampa habitual es querer escribir todo de golpe y frustrarse a mitad. Lo mejor es trabajar por partes:

- Resumen ejecutivo (al final).
- Descripción del negocio.
- Análisis de mercado y competencia.
- Oferta de productos/servicios.
- Plan de *marketing* y ventas.
- Organización y gestión.
- Plan de operaciones.
- Proyecciones financieras.
- Necesidades de financiación.

- Análisis de riesgos.
- Conclusión y anexos.

Dedica una jornada a cada sección.
Puedes escribir un primer borrador rápido y luego ir refinando.

Paso 4: Compartirlo y mejorarlo

Tu plan no debe ser secreto. Compártelo con:

- Personas de confianza (cofundadores, pareja, mentores).
- Emprendedores con experiencia.
- Expertos en áreas específicas (*marketing*, finanzas, legal).

Pide retroalimentación honesta. Acepta las críticas. Luego, ajusta el plan con criterio. No todo lo que te digan será útil, pero, si varios coinciden en un punto débil, escúchalo con atención.

Paso 5: Usarlo desde el primer día

Una vez listo, no lo dejes morir. Desde el inicio:

- Extrae tus objetivos trimestrales.
- Define KPI prioritarios.
- •Prepara dashboards de control.
- Revísalo en reuniones clave.
- Vuelve a él cuando haya decisiones difíciles.

Haz del plan tu compañero de viaje.
No lo veas como un trámite para conseguir dinero.
Es tu mejor aliado para construir un negocio sólido.

¿Y si ya tienes un negocio?

Muchos empresarios veteranos creen que ya no necesitan un plan. Craso error. Las empresas consolidadas que más crecen son precisamente las que se planifican mejor.

Si ya estás en marcha:

- Usa el plan para profesionalizar la gestión.
- Revisa anualmente tu estrategia.
- Alinea al equipo con visión compartida.
- Presenta el plan en consejos o juntas.
- Úsalo para atraer inversores o crecer con sentido.

No importa si llevas 6 meses o 6 años en el mercado, un plan vivo siempre aporta valor.

Cierre: emprender con cabeza y corazón

Emprender no es solo tener ideas, es convertirlas en realidades sostenibles. Eso requiere planificación, análisis, estructura…, pero también pasión, intuición y agallas.

Este libro ha intentado darte las herramientas mentales y prácticas para que puedas construir un negocio con sentido, con base y con visión.

Pero el verdadero trabajo empieza ahora.

Si ya tienes una idea, empieza a planificarla.

Si tienes un borrador, revísalo y actívalo.

Si ya estás en marcha, usa el plan para crecer y adaptarte.

Sea cual sea tu punto de partida, no dejes que el día a día te coma la estrategia. No seas esclavo del corto plazo.

> **Recuerda:** el plan de empresa no es un documento, es una forma de pensar.

Próximos pasos concretos

Te dejamos una pequeña hoja de ruta para que empieces hoy mismo:

- Crea una carpeta llamada «Mi plan de empresa».
- Abre un documento en blanco y escribe tu propósito: ¿por qué quieres emprender?
- Escribe en una hoja aparte tus clientes ideales y qué problema vas a resolver.
- Busca dos ejemplos de planes reales en tu sector y analízalos.
- Elige un modelo (*lean*, tradicional, etc.) y marca un calendario para desarrollarlo.
- Dedica una hora diaria durante tres semanas a construir tu plan.
- Cuando lo termines, comparte una versión corta con alguien que te dé *feedback* honesto.
- Revisa el plan cada trimestre.
- Actúa cada día según tu visión, no según la urgencia.
- Celebra tus avances, incluso los pequeños.

Emprender es un viaje largo, pero, si tienes un plan claro, nunca caminarás a ciegas.

Gracias por confiar en este libro como guía.
Ahora, el siguiente paso te toca a ti.